江西财经大学信毅学术文库

审慎监管视角下银行流动性创造的影响机制研究

——基于我国商业银行微观数据的实证检验

熊婷燕　著

中国财经出版传媒集团
中国财政经济出版社

图书在版编目（CIP）数据

审慎监管视角下银行流动性创造的影响机制研究：基于我国商业银行微观数据的实证检验／熊婷燕著．--北京：中国财政经济出版社，2020．12
（江西财经大学信毅学术文库）
ISBN 978－7－5223－0043－6

Ⅰ．①审… Ⅱ．①熊… Ⅲ．①商业银行－银行管理－研究－中国 Ⅳ．①F832．332

中国版本图书馆CIP数据核字（2020）第173286号

责任编辑：彭 波　　责任印制：史大鹏
封面设计：王 颖　　责任校对：徐艳丽

审慎监管视角下银行流动性创造的影响机制研究
SHENSHEN JIANGUAN SHIJIAOXIA YINHANG LIUDONGXING CHUANGZAO DE YINGXIANG JIZHI YANJIU

中国财政经济出版社 出版
URL：http：//www.cfeph.cn
E－mail：cfeph＠cfemg.cn

社址：北京市海淀区阜成路甲28号 邮政编码：100142
营销中心电话：010－88191522
天猫网店：中国财政经济出版社旗舰店
网址：https：//zgczjjcbs.tmall.com
北京财经印刷厂印装 各地新华书店经销
成品尺寸：170mm×230mm 16开 11.25印张 172000字
2020年12月第1版 2020年12月北京第1次印刷
定价：68.00元
ISBN 978－7－5223－0043－6
（图书出现印装问题，本社负责调换，电话：010－88190548）
本社图书质量投诉电话：010－88190744
打击盗版举报热线：010－88191661 QQ：2242791300

总　序

书籍是人类进步的阶梯。通过书籍出版，由语言文字所承载的人类智慧得到较为完好的保存，作者思想得到快速传播，这大大地方便了知识传承与人类学习交流活动。当前，国家和社会对知识创新的高度重视和巨大需求促成了中国学术出版事业的新一轮繁荣。学术能力已成为高校综合服务水平的重要体现，是高校价值追求和价值创造的关键衡量指标。

科学合理的学科专业、引领学术前沿的师资队伍、作为知识载体和传播媒介的优秀作品，是高校作为学术创新主体必备的三大要素。江西财经大学较为合理的学科结构和相对优秀的师资队伍，为学校学术发展与繁荣奠定了坚实的基础。近年来，学校教师教材、学术专著编撰和出版活动相当活跃。

为加强我校学术专著出版管理，锤炼教师学术科研能力，提高学术科研质量和教师整体科研水平，将师资、学科、学术等优势转化为人才培养优势，我校决定分批次出版高质量专著系列；并选取学校“信敏廉毅”校训精神的前尾两字，将该专著系列命名为“信毅学术文库”。在此之前，我校已分批出版“江西财经大学学术文库”和“江西财经大学博士论文文库”。为打造学术品牌，突出江财特色，学校在上述两个文库出版经验的基础上，推出“信毅学术文库”。在复旦大学出版社的大力支持下，“信毅学术文库”已成功出版两期，获得了业界的广泛好评。

“信毅学术文库”每年选取10部学术专著予以资助出版。这些学术专著囊括经济、管理、法律、社会等方面内容，均为关注社会热点论题或有重要研究参考价值的选题。这些专著不仅对专业研究人员开展研究工作具有参考价值，也贴近人们的实际生活，有一定的学术价值和现实指导意义。专著的作者既有学术领域的资深学者，也有初出茅庐的优秀博士。资深学者因其学术涵养深厚，他们的学术观点代表着专业研究领域的理论前沿，对他们专著的出版能够带来较好的学术影响和社会效益。优秀博士作为青年学者，他们学术思维活跃，容易提出新的甚至是有突破性的学术观点，从而成为学术研究或学术争论的焦点，出版他们学术成果的社会效益也不言自明。一般而言，国家级科研基金资助项目具有较强的创新性，该类研究成果常常在国内甚至国际专业研究领域处于领先水平，基于以上考虑，我们在本次出版的专著中也吸纳了国家级科研课题项目研究成果。

“信毅学术文库”将分期分批出版问世，我们将严格质量管理，努力提升学术专著水平，力争将“信毅学术文库”打造成为业内有影响力的高端品牌。

王　乔

2016年11月

前　言

国际金融危机暴发后，金融监管在全球范围内受到前所未有的关注，加强和完善宏观和微观金融监管成为普遍共识。商业银行流动性创造关乎一国金融经济稳定问题，是当前银行自身以及监管当局亟待重视的课题。从2008年全球金融危机到巴塞尔协议Ⅲ的革新出台，再到我国银行业的“钱荒”事件，为流动性风险管理敲响了警钟，同时也说明了银行流动性创造的重要性。因此，在当前宏微观相结合的金融监管大环境下考察流动性创造影响机制研究就显得尤为必要。党的十九大报告强调指出，要深化金融供给侧结构性改革，增强金融服务实体经济能力。金融是现代经济的核心，金融服务实体经济的能力是解决我国经济发展“不平衡不充分”问题的关键因素。鉴于此，深入研究我国商业银行服务功能，从多方面探讨流动性创造机制，不仅可丰富流动性创造理论，而且对我国银行业供给侧结构性改革的深入推进和商业银行的经营管理实践都具有积极的理论和现实意义。

当前，我国商业银行面临着前所未有的冲击和挑战：第一，2008年金融危机后巴塞尔协议Ⅲ出台的流动性监管要求，标志着国际银行业的监管进入了资本和流动性双重重压的新阶段。我国资本和流动性风险管理办法的相继的出台，也标志着我国银行业步入了资本和流动性双重监管时期。第二，国内外宏观经济金融环境复杂多变，全球金融经济形势异常严峻，金融自由化加速推进，利率市场化不断深入，银行市场准入不断放宽，互联网金融迅猛发展，诸多经济形势的变革给银行业竞争环境带来巨大的挑战。第三，随着巴塞尔协议的推进，利用市场约束力量进行金融机构流动性风险监管得到前所未有的发展。我国结合国际信息披露监管要求，为强化信息披露市场约束作用、提高风险管理水平，颁布了《商业银行流动性覆盖率信息披露办法》，这也标志着我国在市场约束制度建设以及风险管理相结合发展的强监管时代来临。

在此环境下，我国商业银行如何提升金融服务实体经济的能力，提高流动性风险管理水平，是当前亟待解决的问题。我们不禁会想：在资本和流动性双重约束下如何协调金融监管与货币政策，打通货币政策信贷传导机制，影响实体经济的流动性？竞争与流动性创造之间的作用机制是什么？如何在竞争激烈的外部环境下提升流动性创造能力？信息披露作为市场约束的具体表现之一，在流动性信息披露监管新规下，自愿信息披露对银行流动性创造有何影响？流动性风险与流动性创造是怎样的联动关系与衍生过程，流动性管理策略是怎样的？这些问题都值得我们深思。

因此，本书在巴塞尔协议Ⅲ审慎监管的框架下，围绕以上问题进行理论分析和实证检验，主要从以下几个方面探讨流动性创造影响机制。具体内容如下：

第一，从巴塞尔协议Ⅲ引入流动性风险监管视角出发，在结合资本监管的双重监管约束下考察货币政策对流动性创造的影响。首先，通过构建以存款准备金为货币政策工具对流动性创造影响机理的模型，分析双重监管约束下货币政策对流动性创造影响机理以及两者的合成效应；其次，通过测算净稳定资金比例指标作为流动性监管的代理指标，构建动态面板数据模型，采用系统 GMM 估计方法对双重监管约束下的货币政策对流动性创造传导机制的影响效应进行研究；最后，分银行业务以及银行类型进行异质性分析。

第二，从巴塞尔协议Ⅲ市场准入政策的监管改革视角出发，考虑以成本效率为中介变量，考察流动性创造新的作用机制，并探讨在竞争与流动性创造之间的影响关系。首先，通过面板随机前沿（SFA）方法测算 Lerner 指数作为竞争度代理指标、利用异方差 BC（95）模型估计方法测算成本效率；其次，通过构建压力测试情景下的 PVAR 模型对“成本效率—流动性创造”假说进行验证；再次，通过构建结构方程（SEM）模型实证检验成本效率在银行竞争与流动性创造之间的中介作用；最后，从细分银行微观特征层面探讨机制影响的异质性。

第三，从巴塞尔协议Ⅲ对流动性风险信息披露监管制度改革的视角出发，首先，在信息披露监管新规下，采用 DID 方法考察流动性覆盖率自愿信息披露对银行流动性创造的影响研究，为提升银行流动性创造探寻新的机制及路径；其次，自愿信息披露能够增加银行的透明度，同时也能反映出银行的公司治理能力，通过对自愿披露给流动性创造带来的影响研究，为提升银行公司治理能力提供新的证据；最后，为减少政策评估可能存在的内生性问题，本书采用倾向评分匹配法和双重差分法（PSM - DID）进行稳健性检验。

第四，从巴塞尔协议Ⅲ对流动性监管提出的新监管指标出发，首先，从系统性层面对流动性风险监测指标体系进行构建及综合评价；其次，考虑到两者之间存在着反馈机制的作用机理，建立动态面板联立方程组模型，采用单一方程估计（OLS）、系统估计（2SLS 和 3SLS）方法比较，综合分析两者之间的关系以及各影响因素；最后，从不同所有权银行类型以及表内外、资产负债业务类型出发，进一步对流动性创造与流动性风险之间的联动关系进行异质性探讨。

本书通过流动性创造影响机制实证研究得出如下具体结论：

第一，本书重点考察在流动性监管和资本监管的双重约束下，货币政策对流动性创造的影响以及异质性分析。总体来说，紧缩的货币政策会降低银行流动性创造。从监管约束对流动性创造影响来看，金融监管约束会制约流动性创造，货币政策弱化。在资本监管或流动性监管单一约束下，会强化紧缩的货币政策对流动性创造的减少效果；在双重约束下，监管约束会加速银行流动性创造的减少，货币政策效果强化。从两个监管政策的合成效应来看，两个监管政策约束的同时实施会弱化货币政策效果。不同所有制性质商业银行的实证结果表现出显著的异质性。国有大型银行、农村商业银行以及外资银行的资本监管约束会强化紧缩货币政策对流动性创造减少的效果，而股份制银行的资本监管约束会弱化紧缩货币政策对流动性创造减少的效果。

第二，成本效率对流动性创造有正向显著影响，我国“成本效率—流动性创造”假说得到验证。竞争通过成本效率作用于流动性创造，成本效率在竞争影响流动性创造过程中所发挥着中介作用；研究还发现，成本效率的提高会弱化竞争对流动性创造的负面影响；进一步研究发现，流动性创造的作用机制在表内外业务、金融创新方面表现出异质性。资产（含表外）业务表现出较强的敏感性。不同的创新模式银行受到竞争对流动性创造的影响也不一样，金融创新程度较小的银行其对成本效率和竞争对流动性创造的敏感度较大，其成本效率在其中所起的作用也较大。

第三，自愿披露的银行流动性创造有显著的降低，然而负债流动性创造比不透明银行会有显著的上升，因此，自愿披露银行流动性风险方面比不透明银行风险抵御能力较强，在主动减少流动性供给的同时，增加自身的流动性来源，进一步缓解了流动性风险。因此，自愿信息披露作为市场约束体制能够很好地发挥市场约束的作用，填补银行监管的空缺。同时本书还发现，规模越大、盈利能力越强、越激进的银行，较易选择透明；稳健性的、自身流动性管理能力弱的银行较易选择不透明。

第四，商业银行的流动性创造能力越强，面临流动性风险越小；流动性风险承担越大，向实体经济输送的流动性就越多。从业务类型来看，商业银行资产（含表外）流动性创造对流动性风险有显著正向影响；负债流动性创造能力越强抵御风险能力越强。对于不同类型的商业银行，其流动性风险水平与其创造的流动性之间的关系又存在显著差异。对于城市商业银行流动性创造对流动性风险呈现显著的负相关关系，其他银行流动性创造对其风险没有显著的效应；从流动性风险对流动性创造关系来看，城市商业银行表现出流动性螺旋特征，而其他影响均表现出流动性权衡特征。

本书的研究结论表明：流动性创造机制受到众多因素的影响。在宏观方面，金融监管当局和货币政策当局应密切关注监管政策调整对货币政策传导的扰动，在宏观审慎监管政策与货币政策的冲突和协调中构建宏观审慎与货币政策双支柱监管调控框架，以货币政策的针对性和协同性提升货币政策传导机制的有效性；从中观层面，提高成本效率是银行可持续发展的根本，是有效抵御竞争带来的负面影响，坚持提高我国银行业效率不动摇的政策目标，是有效保障银行稳定性以及更好地服务实体经济的金融改革重要抓手；从微观层面，市场约束作为监管支柱之一，对银行资产负债管理行为产生重要的影响，重视信息披露行为，在缓解金融危机和弥补监管空白方面发挥一定的作用；从系统性层面，系统流动性风险管理综合评价指标体系的构建能较好反映流动性风险管理水平以及面临流动性风险的大小，流动性风险管理能力的高低影响银行的流动性创造能力，流动性创造内化衍生流动性风险，两者彼此渗透，相互影响。

本书的研究有助于深入挖掘流动性创造机制，弥补该领域在宏观、中观、微观及系统性风险方面的不足。从政策层面上为我国监管当局政策制定和差别化政策实施提供了有力证据，为我国银行体系和金融制度改革提供参考。

本书得到了江西财经大学“信毅学术文库”全额资助，也得到了国家自然科学基金项目（71773041、71973055）、国家社会科学基金项目（20BTJ008、19ZDA121、18BJY001）、江西省社会科学基金（19YJ15）、江西省高校人文社会科学研究青年项目（TJ20201）、江西省教育厅科技项目（GJJ200545、GJJ190248）以及江西财经大学博士后流动站的资助，在此深表感谢！

目 录

1 绪　论

1.1 研究背景与意义

1.1.1 研究背景

近年来，我国面临着国内外经济形势的严峻考验和竞争环境的日益激烈挑战。从2008年全球金融危机中许多发达国家金融机构流动性危机的暴发，到巴塞尔协议Ⅲ新的流动性监管指标的出台，再到中国银行业的“钱荒”事件，中国商业银行的流动性管理一次又一次敲响了警钟。此次“钱荒”事件从宏观上反映了货币政策传导受阻，从微观上看，我国商业银行特别是中小商业银行面临的主要流动性问题集中在结构性流动性短缺上。但深层次的原因是存贷款期限不匹配、流动性风险监管和信息披露机制不完善、流动性风险披露不及时，监管不力等诸多问题的集中表象。

长期以来，金融监管更多地侧重于微观监管，侧重于对单个机构风险的监管，然而，危机暴发以来，各方深刻认识到，金融监管措施的重大失误是导致金融危机的根本原因。汲取国际金融危机教训，为维护金融体系稳定，迫切需要加强和完善宏观审慎监管。当前，加强宏观审慎监管已经引起我国监管部门的高度关注。在《中国货币政策执行报告》中提出：“总结国际金融危机教训，逐步建立起宏观审慎管理的制度并纳入宏观调控政策框架，发挥其跨周期的逆风向调节功能，保持金融体系稳健，增强金融持续支持经济发展的能力。”因此，当前在继续完善微观审慎监管的同时，实现宏观审慎监管与微观审慎监管的有效结合，是确保金融业稳健、可持续发展的重要保障。

商业银行的流动性创造与经济增长和经济危机有着重要的关系，职能之一就是服务实体经济。党中央国务院曾多次在政府工作报告中强调：提高实体经济金融服务效率；盘活存量，用好增量；信贷资源要向小微金融企业倾斜；等等。这些金融改革方向和工作重点其实归根到底就是提升银行业的流动性创造能力。激活银行资本存量相当于提高流动性创造水平。因此，提高流动性创造能力是一个亟待解决的问题。

历次的金融危机已经证实，银行危机的核心问题是如何创造流动性。商业银行流动性创造是一个国家金融、经济稳步发展的重要“晴雨表”，也是党的十九大报告提出的“守住无系统性金融风险底线”的重中之重。深入研究我国商业银行的流动性创造机制和流动性风险管理，不仅可以丰富金融监管理论和银行风险管理理论，同时也对深入推进我国银行业改革和商业银行经营管理实践具有积极意义。因此，在全球金融监管变革的大背景下，提高商业银行有效服务实体经济的能力，使经济和金融能够保持健康、稳健和可持续发展，是值得思考的重要课题。

1.1.2 研究意义

国际金融危机暴发后，金融监管在全球范围内受到前所未有的关注，加强和完善宏观和微观金融监管成为普遍共识。商业银行流动性创造关乎一国金融经济稳定问题，是当前银行自身以及监管当局亟待重视的课题。从2008年全球金融危机到巴塞尔协议Ⅲ的革新出台，再到我国银行业的“钱荒”事件，为流动性风险管理敲响了警钟，同时也说明了银行流动性创造的重要性。因此，在审慎监管视角下对流动性创造影响机制研究就显得尤为必要。党的十九大报告强调指出，要深化金融供给侧结构性改革，增强金融服务实体经济能力。金融是现代经济的核心，金融服务实体经济的能力是解决我国经济发展“不平衡不充分”问题的关键因素。鉴于此，深入研究我国商业银行服务功能，从多方面探讨流动性创造机制，不仅可丰富流动性创造理论，而且对我国银行业供给侧结构性改革的深入推进和商业银行的经营管理实践都具有积极的理论和现实意义。

（1）理论意义。

在后金融危机时代，流动性创造问题成为当今世界金融中亟待解决的难题之一，进行流动性创造影响机制研究具有重要的理论价值。近年来，国外关于流动性创造研究取得了一定的进展，目前国内也掀起了流动性创造研究热潮，目前主要是在资本充足率、货币政策及银行竞争力、金融制度以及风险承担等方面的影响研究，然而影响流动性创造的因素非常复杂，流动性创造研究还有待我们更深入地去探究。为此，本书致力于研究流动性循环的根源，从流动性创造的理论、影响机制及实证方面进行研究，进一步丰富流动性创造研究成果，在一定程度上弥补我国这一研究领域的不足，为丰富我国流动性创造理论提供依据。

（2）现实意义。

金融危机以来，流动性问题备受关注，巴塞尔协议Ⅲ加强了对商业银行流动性风险的监管，引入了流动性监管的两个政策工具，即流动性覆盖率和净稳定资金比率，流动性风险监管的措施不断加强，流动性问题的重要性不言而喻。然而，我国2013年的两次“钱荒”以及2016年“钱荒2.0”隐现事件无不说明了我国流动性结构存在许多问题，流动性创造传导实体经济的机制还有许多值得关注的问题，因此，凸显推进流动性创造影响机制研究的必要性，具有重要的现实意义。本书通过探索流动性创造的影响机制，探寻银行流动性创造的新路径，提升流动性创造水平和能力，有利于增强风险抵御能力，为商业银行流动性风险管理提供经验证据，为货币当局和监管当局制定流动性风险监管政策提供重要参考。

1.2 研究内容

本书以审慎监管为视角，对流动性创造机制的四个层面为主要研究对象，依次对资本、流动性监管对货币政策流动性传导的调节机制、效率在竞争与流动性创造中的中介作用机制、自愿信息披露对流动性创造的影响机制以及系统流动性风险对流动性创造的衍生机制进行实证分析，根据研究分析结果提出提升我国商业银行流动性创造的相关政策建议。本书的研究内容具体安排如下：

第1章是绪论。主要阐述当前经济金融形势下本书的研究背景和意义。通过当前背景分析银行面临的问题和严峻挑战，分析流动性创造机制研究的重要性，探讨研究的理论和实际意义。从研究内容和方法上综述本书架构、研究技术路线以及可能的创新之处。

第2章是理论基础与文献综述。通过对流动性创造相关理论基础和国内外文献进行梳理，分析得出流动性创造影响机制研究现状，并对流动性创造影响机制进一步研究和评述。

第3章从流动性的相关概念出发对流动性、流动性创造以及流动性风险进行界定，并结合巴塞尔协议Ⅲ的重要革新方面内容，以审慎监管为视角，对流动性创造内涵进行阐述，并以货币政策、竞争与效率、自愿披露以及流动性风险等四个层次进行流动性创造影响因素关联体系构建：阐述审慎监管与金融监管、货币政策；审慎监管与监管诱导竞争；审慎监管与信息披露；审慎监管与系统流动性风险之间的关联关系。

第4章从银行资本监管和流动性监管入手考察对货币政策流动性创造传导机制的调节作用。首先，通过构建以存款准备金为货币政策工具对流动性创造影响机理的模型分析两重监管约束下货币政策对流动性创造影响机理以及两者的合成效应对流动性创造带来怎样的影响。其次，通过构建净稳定资金比例指标作为流动性监管的代理指标，利用面板数据模型和系统广义矩估计（GMM）方法实证研究双重监管约束下的货币政策影响效应。最后，分银行业务以及银行类型对影响进行异质性研究。

第5章从成本效率入手，考察流动性创造新的作用机制，并探讨成本效率在竞争与流动性创造之间的影响关系。首先，通过面板随机前沿（SFA）方法测算lerner指数作为竞争度代理指标、利用异方差BC（95）模型对成本效率进行测算；其次，通过构建压力测试情景下的PVAR模型对“成本效率—流动性创造”假说进行验证；再次，通过构建结构方程（SEM）模型实证检验成本效率在银行竞争与流动性创造之间的中介作用；最后，从细分银行微观特征层面探讨机制影响的异质性。

第6章在流动性覆盖率信息披露新规下，首先，采用DID方法展开自愿披露对银行流动性创造影响研究，对银行的流动性创造影响进行研究，为提升商业银行流动性创造提供新路径；其次，自愿披露能有效增强透明度，同时也能反映商业银行在公司治理能力方面的综合水平，通过对自愿披露给流动性创造带来影响效果的研究，为提升银行流动性创造能力提供新证据；最后，本书为减少可能存在的内生性问题，使用倾向评分匹配法和双重差分法（PSM - DID）进行稳健性检验，同时进一步考察自愿披露银行具有的特征。

第7章通过巴塞尔协议Ⅲ对流动性监管新要求，首先，对流动性风险综合评价指标体系进行构建及综合评价；其次，考虑到两者之间存在反馈机制的作用机理，建立动态面板联立方程组模型，对流动性风险与流动性创造之间的关系进行更深入的探讨；最后，基于银行流动性创造的层面，银行所有权不同类型以及业务类型等特征将其分为表内外、资产负债流动性创造，分别选取单方程（OLS）、系统估计方法（2SLS和3SLS），进一步对流动性创造与流动性风险之间的联动关系进行异质性探讨。

第8章是政策建议。审慎监管视角下从协调货币政策、提高成本效率、完善信息披露以及监测系统风险四个方面有针对性地提出提升流动性创造能力的政策建议。

第9章是研究结论与未来展望。总结本书的研究工作并指出研究不足和未来深入研究需重点关注的问题。

1.3 研究思路与方法

1.3.1 研究思路

本书以审慎视角下的巴塞尔协议Ⅲ重大革新内容为主线，借鉴已有研究成果，综合运用审慎监管与流动性创造相关理论对流动性创造影响机制进行研究。研究的技术路线图如图1-1所示。

（1）明确了审慎监管视角下的流动性创造内涵之后，从流动性的宏观、中观、微观、系统性层面，探究监管政策与货币政策、竞争、效率、自愿信息披露以及系统流动性风险对流动性创造的内在联系，为后续问题的研究做好铺垫。

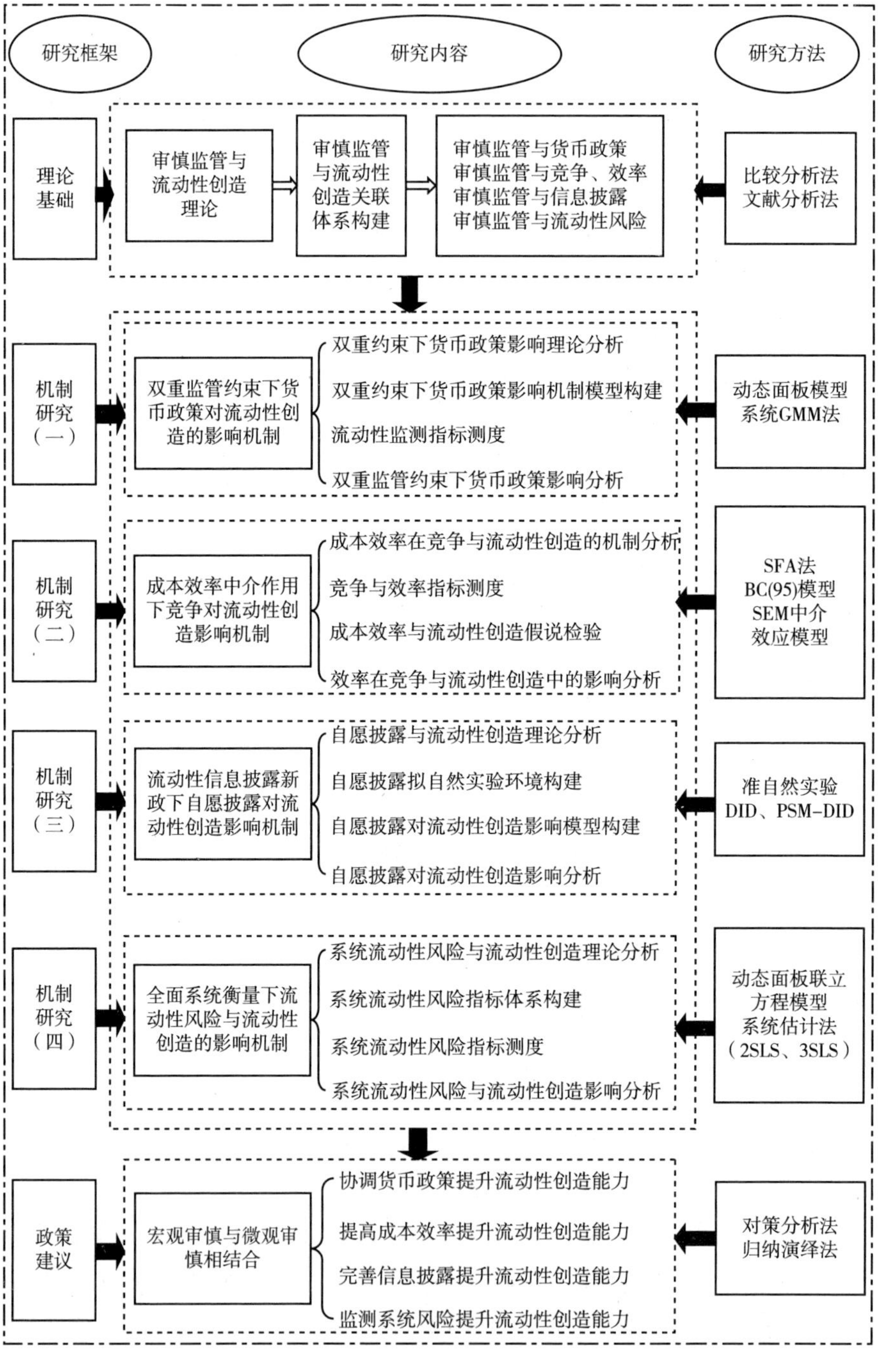

图1－1　本书的研究技术路线

（2）构建以存款准备金为货币政策工具对流动性创造影响机理的模型分析两重监管约束下货币政策对流动性创造影响机理以及两者的合成效应对流动性创造带来怎样的影响。通过构建净稳定资金比例指标作为流动性监管的代理指标，利用面板数据模型和系统广义矩估计（GMM）方法实证研究双重监管约束下的货币政策影响效应。最后分银行业务以及银行类型对影响进行异质性研究。

（3）从成本效率入手，考察流动性创造新的作用机制，并探讨在竞争与流动性创造之间的影响关系。首先，通过面板随机前沿（SFA）方法测算 Lerner 指数作为竞争度代理指标、利用异方差 BC（95）模型对成本效率进行测算；其次，通过构建压力测试情景下的 PVAR 模型对“成本效率—流动性创造”假说进行验证；再次，通过构建结构方程（SEM）模型实证检验成本效率在银行竞争与流动性创造之间的中介作用；最后，从细分银行微观特征层面探讨机制影响的异质性。

（4）在流动性覆盖率信息披露新规下，首先，阐述审慎监管与信息披露之间的关联关系，采用 DID 方法展开自愿披露对银行流动性创造影响研究，对银行的流动性创造影响进行研究，为提升商业银行流动性创造提供新路径；其次，自愿披露能有效增强透明度，同时也能反映商业银行在公司治理能力方面的综合水平，通过对自愿披露给流动性创造带来影响效果的研究，为提升银行流动性创造能力提供新证据；最后，本书为减少可能存在的内生性问题，使用倾向评分匹配法和双重差分法（PSM - DID）进行稳健性检验，同时进一步考察自愿披露银行具有的特征。

（5）通过巴塞尔协议Ⅲ对流动性监管新要求，对流动性风险综合评价指标体系进行构建及综合评价；构建流动性风险与创造之间的反馈机制的作用机理，建立动态面板联立方程组模型，分析两者之间的关系以及各影响因素并对流动性创造与流动性风险之间的联动关系进行异质性探讨。

（6）基于审慎监管视角提出提升流动性创造能力相关政策建议。本书主要从研究的四个方面：宏观审慎监管与货币政策的协调配合、效率在竞争中的作用、自愿信息披露的有效性以及流动性风险管理和监测等进行阐述。

1.3.2 研究方法

本书采用文献研究、比较研究、数理建模以及规范与实证研究等方法研究我国商业银行流动性创造影响机制问题。

（1）文献研究法。

通过查阅图书、国内外期刊、网络文献、报告文献、学术论文、著作文献以及报纸杂志等方面的文献查阅，结合本书的研究目标，对流动性、流动性创造、流动性风险以及审慎监管的内涵、概念以及流动性创造影响机制多维度下的关联性和逻辑脉络进行梳理和总结。同时，通过上述文献的追踪方法对流动性创造影响机制以及提升流动性创造以及流动性风险管理应对措施建议进行总结和归纳。

（2）数理建模法。

①建立外部监管约束下货币政策对流动性创造影响的数理模型，分析监管政策、货币政策对流动性创造的影响，说明外部监管约束下货币政策信贷传导作用。

②构建了成本效率在竞争与流动性创造影响中的中介效应模型，分析成本效率、竞争与流动性创造之间的关系，说明成本效率的中介作用。

③构建了最优透明度监管理论模型，分析监管当局与银行自愿信息披露之间的关系，并表述自愿信息披露对流动性供需影响机理分析。

（3）比较研究法。

通过横向和纵向比较方法，明晰了我国近年来各商业银行和各业务类型的流动性创造的现状。立足于巴塞尔协议Ⅲ审慎监管的视角，从四个不同方面对流动性创造的影响机制进行分析，并比较分析了不同商业银行类型、不同业务类型以及不同的银行大小在流动性创造机制中的异质性。

（4）规范与实证研究。

①建立动态面板数据模型并采用系统广义矩估计（GMM）方法分析外部监管下货币政策对流动性创造的影响。

②采用面板随机前沿（SFA）方法测算竞争度指标，利用异方差 BC（95）模型估计成本效率，通过构建压力测试情景下的 PVAR 模型对“成本效率—流动性创造”假说进行验证；通过构建结构方程（SEM）模型实

证检验成本效率在银行竞争与流动性创造之间的中介作用。

③通过 DID 方法展开自愿披露对银行流动性创造影响研究，并使用 PSM - DID 方法进行稳健性检验，同时考察银行特征。

④通过构建系统流动性风险指标体系评估系统流动性水平，建立动态面板联立方程模型，分析流动性风险与流动性创造之间的联动关系及风险管理策略研究。

1.4 主要创新之处

本书契合时代发展要务，选择“审慎监管”和“金融服务实体经济”两大时代任务相结合，以我国商业银行流动性创造为研究对象，考察审慎监管视角下银行流动性创造影响机制研究，在总体目标上符合国家“稳增长、促改革、调结构”战略目标要求，顺应中央要求金融回归服务实体经济本质，推进金融供给侧结构性改革、提高金融服务实体经济的效率和水平、增强金融服务实体经济能力，推动金融业高质量发展的战略部署提供理论依据，具有时代代表性和创新性。

审慎监管视角下银行流动性创造影响机制是一个系统性、动态性、复杂性的工程。本书不同于以往的分析框架，将“审慎监管”贯穿整条研究主线，结合宏观、中观、微观以及系统流动性层面系统阐述银行流动性创造影响机制，通过采取多种适宜的定量分析方法，对银行流动性创造影响机制进行分析。具体表现为：从资本、流动性监管对货币政策传导的影响机制，效率在竞争与流动性创造中的影响机制，自愿信息披露对流动性创造的影响机制以及流动性风险对流动性创造的影响机制四个层面为主进行研究。本书的创新之处主要包含以下四个方面：

（1）探讨双重监管约束下货币政策对流动性创造影响机制。通过在商业银行利润函数中构建双重监管约束下以存款准备金率为主的货币政策传导机制影响的动态面板数据模型，采用 GMM 估计方法对双重监管约束下货币政策对商业银行流动性创造的影响。本书通过测算净稳定资金比例作为流动性监管指标约束，与前述学者结论不同，得出流动性监管对银行流动性创造有显著的负向影响。同时，考察资本监管和流动性监管两者对流动性创造的合成效应。

(2) 探寻效率在竞争对流动性创造的影响机制。以银行成本效率为视角，运用 PVAR 模型首次验证压力测试情境下我国商业银行“成本效率—流动性创造”假说的存在性，采用结构方程（SEM）模型实证考察成本效率在竞争影响流动性创造过程中的中介作用机制。研究表明，成本效率在竞争与流动性创造的关系中发挥了中介效应，且成本效率的提高能够弱化竞争对流动性创造带来的负面影响。

(3) 探究自愿信息披露对流动性创造的影响机制。在流动性覆盖率信息披露监管新规下，从自愿披露视角出发，设计准自然实验，采用 DID 和 PSM - DID 方法考察自愿信息披露对银行流动性创造的影响。研究表明，信息披露机制对流动性创造产生重要的影响。银行异质特征会影响银行自愿披露动机，从而影响银行经营行为，对流动性创造产生重要影响。

(4) 探讨系统流动性风险对流动性创造的影响机制。通过巴塞尔协议Ⅲ对流动性监管新要求，构建系统流动性风险综合评价指标体系，通过分析系统流动性风险与流动性创造之间衍生机制的作用机理，建立动态面板联立方程组模型，运用系统估计方法（3SLS）对流动性风险与流动性创造之间的关系进行更深入的探讨；基于银行流动性创造的层面、银行所有权不同类型以及业务类型等特征将其分为表内外、资产负债流动性创造，进一步对流动性创造与流动性风险之间的联动关系进行异质性探讨。

2 理论基础与国内外研究现状

2.1 审慎监管与流动性创造相关理论

2.1.1 审慎监管理论

（1）审慎监管。

审慎监管是国际银行业监管标准的核心概念。自1997年巴塞尔委员会颁布《银行业有效监管核心原则》以来，在全球金融风险暴露中得到了加强。《巴塞尔协议Ⅲ》进一步建立了宏观审慎与微观审慎相结合的监管框架。在国际监管标准的指导下，我国逐步建立了具有自身特点的审慎监管模式。为推动巴塞尔协议Ⅲ的实施，中国银监会自2011年4月起陆续出台了《关于在我国银行业和相关监管体系实施新监管标准的指导意见》，并提出了更加严格和具体的审慎监管指标要求，以促进我国银行业的稳定运行和可持续发展。

2008年金融危机之后，对巴塞尔协议Ⅲ做出了重大的改革。巴塞尔协议Ⅲ的重要革新就是将加强微观审慎的同时，加入宏观审慎监管思路，从现在来看，审慎监管中包括两大监管框架：微观审慎监管和宏观审慎监管，两者互为补充。

①微观审慎监管框架。

微观审慎监管，其目标是降低单个金融机构破产的概率进而保护存款者的利益，其监管目的主要是限制单一金融机构的“异质风险”。这也是巴塞尔协议Ⅰ与巴塞尔协议Ⅱ一直以来全力以赴的。在巴塞尔协议Ⅲ中，通过扩充原有的监管体系，进一步强化了微观审慎监管的基础地位。其主要包括：提升资本的数量和质量；引入杠杆率要求；对流动性风险进行监管等内容。

②宏观审慎监管框架。

宏观审慎监管既是本次巴塞尔协议Ⅲ的亮点构成，也是重点架构。可以说，由于宏观审慎这个概念刚提出不久，到目前为止，还没有形成统一、明确的定义。微观审慎侧重于对单一机构进行监管相比较，宏观审慎监管更侧重于对整个金融体系实施监管，从而降低金融危机发生的概率及其带来的产出损失并维护金融体系的稳定。宏观审慎监管的核心内容之一就是引入了对系统性风险的监管，更加强调在关注个体金融机构风险的同时，也要加强对系统性风险的度量和防范。需要引起注意的是，宏观审慎监管体系并不是维护金融稳定的整体框架，它只是整体框架的一部分。

审慎监管政策需要同其他政策手段（如货币政策、财政政策等）、监管要素（如存款保险、金融安全网等危机处理措施，完善的金融基础设施等）相配合，并在良好的宏观经济环境下（健康有序的金融市场）才能发挥效用，它绝不能单一地构成金融稳定体系的整体框架，它只是丰富金融体系稳定的金融监管措施的一个重要内容。正如金融稳定委员会所指出的，审慎监管政策是与宏观经济政策相互独立、并行的概念，但是又与其相互补充、互为影响，已达到共同促进经济金融稳定发展的目标。表 2 - 1 列明了各种金融政策在维护金融体系稳定所发挥的不同职能。

表 2 - 1　各种金融政策在维护金融体系稳定所发挥的不同职能

政策手段	政策目标	工具变量
宏观审慎政策	防范整个金融体系的风险	留存超额资本、逆周期超额资本、系统重要性银行附加资本
微观审慎政策	防范单个金融机构的风险	资本充足率、杠杆率等
货币政策	物价稳定	如利率、回购标准
	流动性管理	如准备金利率、抵押政策
	金融平衡	如利率、外汇储备利率

续表

政策手段	政策目标	工具变量
财政政策	管理总需求解决结构性平衡	如税收、自动稳定器、减少债务水平措施
危机处理机制	解决极短事件发生的应急措施	如金融安全网、存款保险
基础设施	增强金融系统抵抗风险的能力	如限制衍生品交易

（2）巴塞尔协议的革新。

①巴塞尔协议的主要内容。

巴塞尔协议Ⅱ建立了互为补充有效资本监管的三大支柱，将原有巴塞尔协议Ⅰ中的最低资本要求纳入第一支柱，同时，新增了第二支柱和第三支柱，分别是：监管当局的监督检查和市场约束。从商业银行、监管当局、其他市场参与者三方面对银行的风险管理进行强化。首先，巴塞尔协议Ⅱ继续坚持了巴塞尔协议Ⅰ中以资本充足率监管为核心，大幅度提高了资本的风险敏感度，为银行提升风险管理提供了制度激励，强化了第一支柱的核心作用。其次，巴塞尔监管管理委员强化了各国监管当局的职责，赋予了其结合本国银行业实际情况制定监管策略并执行监管的权力。最后，由于市场力量的自身效率及可得信息的充分性，可以确保监管目标的顺利实现，巴塞尔协议Ⅱ引入“市场约束”作为补充，指出市场参与者的约束行为来弥补第一支柱和第二支柱的缺陷。

②巴塞尔协议的推进：巴塞尔协议Ⅲ。

2007 年全球金融危机席卷过后，各国金融监管当局都逐步认识到巴塞尔协议Ⅱ的缺陷，其作为全球金融监管的有效性受到质疑。2007—2010 年，有关监管改革的系列文件不断出台，并为 2010 年 12 月巴塞尔协议Ⅲ的出台奠定了基础。实现对金融机构的有效监管是各国监管当局不懈追求的共同目标。从巴塞尔协议Ⅰ到巴塞尔协议Ⅲ的演变过程，实际上也体现了监管当局对银行业监管理念的转变。而这也正是宏观微观审慎监管框架体系的完美结合。

（3）巴塞尔协议Ⅲ的主要革新表现。

①加强宏观审慎监管，与微观审慎联合，构建两者有机结合的监管框架。然而，宏观审慎监管并非孤立存在，其核心是防范系统性风险。

②加强资本充足率监管，提高资本充足率监管要求。监管当局引入审慎监管理念，在资本监管框架下加入逆周期监管，增强系统重要性银行的监管要求，其中留存超额资本要求为2.5%，逆周期的超额资本要求为0~2.5%。

③加强流动性风险监管。与资本监管重要高度一致，引入了流动性覆盖率和净稳定资金比例两个指标，建立多维度的流动性风险监管体系。

④从市场准入方面，加强对系统重要性银行的监管。《指导意见》指出，根据国内银行的经营模式和监管实践，监管部门将从市场准入、审慎监管标准、持续监管和监管合作等方面加强对系统重要性银行的监管。

⑤加强流动性风险信息披露监管。为强化信息披露市场约束作用，提高风险管理水平，2015年12月发布《商业银行流动性覆盖范围信息披露办法》，2019年3月发布《商业银行净稳定资本充足率信息披露办法》，这标志着我国流动性风险管理与信息披露监管相结合的改革与发展具有里程碑意义。

2.1.2 流动性创造理论

流动性（liquidity）一词最早由凯恩斯提出[1]。商业银行作为金融中介机构而言，其流动性就是满足存款人及贷款人资金需求的能力。以商业银行为主导的金融体系，商业银行的流动性是整个金融系统中流动性需求的主要来源方。从一般意义上来说，流动性可分为宏观、银行和市场等不同层面的流动性，其中宏观流动性反映货币供应量，银行流动性则反映银行体系向投资者提供的资金货币；市场流动性是用反映在微观经济主体进行大量交易时，获取资金的容易度（Evan et al.，2006；陆磊，2007）[2-3]。

早在18世纪下半叶，亚当·斯密[4]就曾提出“这段时间，工业和贸易的增长非常大，而银行对此间经济增长的贡献毋庸置疑”，表明银行流动性创造对于苏格兰经济发展影响的意义深远。Diamond 和 Dybvig（1983）[5]从理论研究上首次阐明银行流动性创造的机理，即银行融资过程就是流动负债转化为非流动性资产的过程。之后，Kashyap 等（2002）[6]进一步研究指出，商业银行流动性创造还可通过表外业务提供，如银行的贷款承诺业务也可为市场提供流动性。

一般来说，商业银行流动性创造涉及资产负债表“期限转换”理论和“脆弱的融资结构”理论。下面，就这两个理论进行阐述和分析。

（1）期限转换理论。

银行在资产负债表的任何一方均进行着有价值的活动。在资产方，它们向缺乏流动性的借款人提供贷款，从而加强了实体经济中的信贷资金流动性。在负债方，它们按需向储户提供流动性。从 Diamond 和 Dybvig（1983）[5]创建的理论可知，银行可以将非流动资产转换为流动性更强的活期存款。

假设没有一个贷款人有足够的资金来资助一个企业家的项目，那么贷方必须把他们的钱放在一起，其中一个就称为银行的中间人。银行可以向另一方贷款人发行活期存款。脆弱的存款结构允许持久的关系建立，因为银行家可以承诺支付存款人从企业家那里提取的存款。基于它具体的贷款收集技巧，如果初始存款人在过渡期有流动性需求，银行可以通过发行新的活期存款进行再融资，从而满足他们的需求。新的储户将愿意取代旧的储户，因为新的储户将相信银行会偿还的。需要流动性的投资者认为银行存款是一种理想的资产，即使银行提供的贷款缺乏流动性的。此外，银行保护创业者免受存款人的流动性需求。因此，这个过程就是资产负债表期限的转换创造了流动性。

（2）脆弱的融资结构理论。

金融脆弱理论是从资本结构角度出发构建理论模型分析流动性创造的。在现实生活中，投资者和借款人都担心流动性。投资者之所以渴望流动性，是因为他们不确定何时要取消对金融资产的持有。借款人担心流动性，因为他们不确定自己是否有能力继续吸引或保留资金。由于借款人通常无法按需偿还投资者，投资者在直接向借款人放贷时将需要溢价或重大控制权，因为投资者对非流动性的补偿将受到限制。

Diamond 和 Rajan（2001）[7]认为，银行可以解决直接贷款中出现的这些流动性问题。银行使储户能够以低成本提款，同时也使公司能够从投资者的流动性需求中获得缓冲。分析表明，银行由于受制于银行挤兑风险，必须有一个脆弱的资本结构才能履行这些职能。一家拥有波动性活期存款的银行为非流动性贷款提供资金，非但不是一种需要监管的反常行为，反而在其履行职能的背景下能得到合理化。

在期限转换理论当中，贷款人与储户两者之间有个不相容之处——需求。因为储户的流动资金可能在不经意时到来，迫使银行急售非流动资产来满足储户的流动性需求。此外，由于存款人是按顺序兑付的，因而会造成挤兑的风险，进一步危及银行。在危机过后，监管机构对银行进行严监管，以此来保护他们免受自身脆弱性影响。金融脆弱性是银行所需的特征，其导致了银行流动性创造。

2.2 流动性创造影响机制研究文献综述

流动性创造是银行向经济社会提供的一项重要服务，是服务实体经济的有力武器。研究学者早期就从流动性创造的理论方面进行了研究，研究表明他们通过使用相对流动的负债（如活期存款）来为相对不流动的资产（如商业贷款）提供资金来创造流动性。这同时满足了储户对流动性的需求和企业对长期融资承诺的需求（Bryant，1980；Gorton and Pennacchi，1990，Gatev and Strahan，2006）[8-10]。银行还通过提供贷款承诺和备用信用证来创造资产负债表外的流动性，这些贷款承诺和备用信用证允许公司有效地制定和修改长期投资战略（Boot et al.，1993；Holmstrom and Tirole，1998）[11-12]。Bencivenga and Smith（1991）[13]、Levine（2012）[14]通过对流动性创造理论研究，提出了资本配置和加快经济增长方面的建议。

实际上，直到最近，Berger 和 Bouwman（2009）[15]才创建了第一套全面的流动性创造衡量方法，由此，国内外学者在流动性创造方面呈现出丰硕成果。他们主要从以下几个方面进行了研究，如流动性创造与资本（Horvath et al.，2014；Fungáčová et al.，2017）[16-17]、货币政策（Berger and Bouwman，2017）[18]、经济产出（Berger and Sedunov，2017）[19]、政府干预（Berge et al.，2016）[20]、监管资本和银行绩效（Tran et al.，2016）[21]、银行并购（Pana et al.，2010；Baltas et al.，2017）[22-23]、竞争（Horvath et al.，2014）[24]、技术效率（Hasan and Soula，2017）[25]以及系统风险（Acharya and Thakor，2016）[26]等方面。

本书在研究流动性创造影响机制的过程中，以货币政策、竞争与效率、自愿披露以及系统流动性风险等四个方面开展相关研究并对现状进行分析评述。

2.2.1 货币政策与流动性创造研究现状

(1) 货币政策与流动性创造。

货币政策作为宏观经济因素之一，早有学者从理论和实证方面研究其对流动性创造的影响。大多学者研究表明，货币政策作为宏观经济变量，是影响流动性创造的主要因素。紧缩（宽松）的货币政策会显著地降低（提升）流动性创造（Rauch et al.，2010；Acharya and Pedersen，2005）[27-28]。我国学者也做了相关研究，李明辉等（2014）[29]采用中国银行业1998—2012年数据实证检验了我国银行业货币政策对流动性创造的影响，研究结果认为，总体来说，紧缩的货币政策削减了流动性创造的能力。Park等（2014）[30]研究认为，在金融危机时期，即使在宽松的外部货币环境下，商业银行流动性囤积行为致使无法提升流动性创造能力。邓向荣和张嘉明（2018）[31]从风险承担渠道视角分析货币政策的影响效应，研究表明，一方面，货币政策直接影响；另一方面，银行风险承担对货币政策与流动性创造关系之间起到中介作用。研究还表明，不同的货币政策工具之间对风险承担和流动性创造都具有交互影响。

然而，部分学者进一步研究表明，在宏观环境和银行规模上，货币政策对流动性创造的影响效应具有显著的异质性。例如，总体上来说，货币政策与流动性创造有直接联系，具有显著的时滞敏感性以及银行属性方面存在显著异质性。具体表现为国有银行和股份制银行并没有显著关系，而地方性银行及外资银行较为敏感（王周伟和王衡，2016）[32]。还有学者研究表明，不同的货币政策工具对银行流动性创造影响不同，且存款准备金的提高会减少股份制和城市商业银行的流动性创造，增加其他银行的流动性创造（巴曙松等，2016）[33]。Berger和Bouwman（2017）[18]研究表明，在美国的正常时期，外部宽松的货币政策能够提升流动性创造，但仅对小银行奏效。对于美国大中型银行，无论是在正常时期还是在危机时期，货币政策对流动性创造的影响都非常小。这些发现表明，监管当局可能希望通过密切监控银行的流动性创造来预测并降低金融危机发生的可能性，但他们更应该考虑其他控制银行流动性创造的工具，如资本和流动性的监管要求。

（2）单一监管约束下货币政策与流动性创造。

在货币政策和资本监管单一约束下的相关研究方面，资本规模和资本结构作为银行流动性创造的影响因素纳入分析框架中，形成了两种截然相反的流动性创造效应。金融脆弱性效应研究者认为，银行资本规模与流动性创造呈负向影响关系。Gorton 和 Winton（1998）[34]、Diamond 和 Rajan（2001）[35]研究表明，资本总量增加会提升权益资本比率，使投资者将存款转化为权益资本，降低了流动性。风险吸收假说的支持者 Diamond 和 Dybvig（1983）[5]、Bhattacharya 和 Thakor（1993）[36]、Allen 和 Gale（2004）[37]认为，银行资本通过风险承担渠道提升流动性创造能力。

外部经济环境和经济金融监管政策对银行流动性创造产生重要的影响。Jiminez（2007）[38]、Rauch 和 Steffen（2009）[39]从风险承担渠道角度分析货币政策对流动性创造的影响。银行的低利率会增强商业银行的风险承担从而提升流动性创造水平。Tran 等（2016）[21]考察了银行盈利能力、监管资本与流动性创造之间的关系。研究发现仅有小银行有显著的关系。Fungáčová 等（2017）[17]考察了存款保险制度的引入对银行资本与流动性创造的关系的影响。研究结果表明，存款保险制度的引入对银行资本与流动性创造之间的关系产生了有限的影响，资本化程度较高的银行往往创造的流动性较低，支持了“金融脆弱性—挤出”假设。这一结论对新兴国家具有重要的政策影响，因为它表明为支持金融稳定而实施的银行资本要求可能会损害流动性的创造。

我国学者在资本监管方面，黄宪等（2005）[40]认为，新巴塞尔协议调整后的资本充足率监管将会影响银行信贷选择的风险偏好和行为，并对经济产生值得关注的效应。戴金平等（2008）[41]研究表明，资本监管对商业银行的信贷行为产生了影响，且对货币政策具有非对称效应。齐子漫等（2016）[42]研究表明，当银行面临资本和存款准备金监管双重约束时，银行信贷作出了反应，因约束条件的限制而使信贷对货币政策更不敏感。孙海波和刘忠璐（2019）[43]选取 2011—2016 年 145 家银行数据，采用双重差分方法考察基于显性存款保险制度下后危机时期资本与流动性创造关系，研究表明，银行高质量的资本能促进流动性创造总量和表内流动性创造水平的提高，降低监管套利，抑制表外流动性创造。

在流动性监管、货币政策与流动性创造方面，马骏等（2016）[44]构建动态随机一般均衡模型来对政策利率传导机制进行研究，结果表明，在政策利率的传导方面，存贷比、贷款规模、存款准备金率等因素都对其具有不同程度地弱化和扭曲，且利率政策会对实体经济起到削弱的作用。姚舜达和朱元倩（2017）[45]通过引入流动性危机情况下的存款赎回函数，构建理论模型验证了不同的流动性赎回假设下银行风险承担与货币政策的非线性关系，研究发现，在流动性约束下，货币政策对银行风险承担的影响存在门限效应，货币政策传导的敏感性随着银行流动性风险的上升而提高。李元和王擎（2018）[46]以存贷比作为流动性监测指标进行考察，研究结论表明，银行信贷在对货币政策的反应在较强的流动性约束下会更加敏感；流动性约束下货币政策环境对银行信贷的调控具有不对称性。

（3）双重监管约束下货币政策与流动性创造。

2008 年国际金融危机爆发之后，流动性约束被国际金融监管组织纳入金融监管的框架，与资本约束成为银行监管的双重要求，也对货币政策的传导机制产生了新的影响。资本监管和流动性监管作为宏观审慎监管工具，在货币政策对流动性创造影响过程中发挥着不同的作用。

在宏观审慎监管与货币政策的协调方面，许多学者研究表明，货币政策与宏观审慎政策之间是相辅相成的。例如，Borio 和 Drehmann（2009）[47]研究表明可以通过宏观审慎政策和货币政策共同作用来消除金融的不稳定。N’Diaye 和 Papa（2009）[48]研究探讨了宏观审慎监管与货币政策的关系，研究表明，结合逆周期审慎监管，货币政策能够有效降低风险。Kannan 等（2009）[49]考察了宏观审慎监管政策与货币政策之间的关系，运用动态随机一般均衡（DSGE）模型进行研究，研究发现货币政策能够与信贷增长和资产价格进行抗衡，表明宏观审慎工具能够有效协助货币政策。Agur 和 Demertais（2010）[50]研究发现，银行资产间的相关性与货币政策高度相关，具有“逆风行事”效应。另外，Angelini 等（2011）[51]与 Canuto（2011）[52]研究了两类政策的协调方式，指出经济冲击对两类政策的协调作用具有显著的异质性。

另外，信贷渠道是监管政策影响宏观经济变量的又一重要途径。Jeannine 等（2015）[53]指出，在外部经济环境甚好时期，宏观审慎政策对缓解银行风险承担行具有积极的作用，但会对货币政的传导效应大打折扣。

Berger 和 Bouwman（2017）[18]研究表明，当局希望密切监控银行的流动性创造来监测金融危机发生的可能性，但是还应考虑其他控制银行流动性创造的工具，如资本和流动性要求。

伴随资本和流动性监管双重重压约束下，两者的合成效应必将影响银行经营行为，导致基于银行传导的货币政策效应以及风险承担行为发生变化（代军勋和陶春喜，2016；代军勋和戴锋，2018）[54-55]。魏巍等（2016）[56]对货币政策和监管政策对银行信贷行为的影响进行了深入研究，结果表明，货币政策仍是影响我国银行信贷行为的重要因素。不同资本充足性监管压力下的银行信贷行为存在差异，而动态拨备率与流动性比率对银行信贷行为的影响尚不显著。童中文等（2017）[57]通过构建 DSGE 模型考察货币政策与宏观审慎监管的协同性。研究表明，在不同的经济状态下，货币政策和金融变量的效应具有非对称性。左伟等（2018）[58]构建包含流动性约束的动态随机一般均衡模型，研究金融监管对货币政策的影响。吕思聪（2018）[59]在商业银行利润函数中引入惩罚函数，分析外部监管和货币政策对商业银行流动性创造能力的影响，结果表明，在利率市场化带来存款分流的金融环境下，资本监管和存贷比监管压力迫使中国商业银行规避监管减少信贷投放，流动性创造能力下降，但是并未发现流动性覆盖率监管影响流动性创造的证据。张泽华和周闯（2019）[60]构建含有抵押约束的开放动态随机一般均衡模型，实证检验了宏观审慎政策和货币政策组合的有效性。研究表明，宏观审慎监管政策对经济波动能够起到缓解的作用。代军勋等（2019）[61]通过资本、流动性以及两者的交互作用研究对银行流动性创造的影响，研究表明，资本约束加速了银行流动性创造，而流动性约束的影响具有异质性。

2.2.2 银行竞争与流动性创造研究现状

（1）银行竞争与流动性创造。

国外学者为竞争对银行流动性创造的影响提供了不同的观点。一项研究显示，竞争减少了流动性创造，降低了银行的风险吸收能力。这个观点由两个部分组成。第一，通过压缩利润率并耗尽对损失的缓冲（Jayaratne and Strahan，1998）[62]，竞争可以促使银行减少风险承担（Boyd and DeNicolo, 2005; Peydro et al., 2016)[63-64]。因为竞争加剧，银行利润减少，从而增加了银行的脆弱性，而这些利润有助于资本充当抵御不利冲击的“缓冲”。因此，通过限制贷款额和接受存款额来减少银行挤兑的威胁，鼓励银行减少流动性创造。根据这种“脆弱通道”的观点，银行的竞争会导致流动性创造的减少。Petersen 和 Rajan (1995)[65]强调了脆弱性渠道的观点，他们认为竞争加剧会减少信贷供应，因为银行不太可能向没有被锁定的客户提供信贷。这种观点认为，市场势力的下降降低了银行与新借款人建立长期借贷关系的动机。

第二，流动性创造是有风险的，即，如果银行必须迅速处置非流动资产以满足持有流动负债者的需求，它们往往会遭受损失（Allen and Santomro, 1998)[66]。因此，竞争可以通过减少流动性创造来诱导银行降低风险。另一项研究表明，竞争会阻碍关系型贷款，从而减少流动性创造。这种观点认为，竞争可以使银行更难收回与公司建立长期关系的成本（Black and Strahan, 2002; Cetorelli and Strahan, 2006)[67-68]。此外，研究还发现，长期的银行与公司的关系能够促进银行获取关于公司的“软”信息，包括公司资产的清算价值（Berger et al., 2005; Berger and Udell, 1995)[69-70]。因此，“关系放款人”比其他放款人能够更有效地创造流动性。在这些条件下，竞争可以通过减少关系贷款来阻碍有效的流动性创造。Jiang 等 (2019)[71]通过整合州际银行的动态过程，利用银行地理扩张的重力模型，构建了各家银行面临的竞争压力的时变测度，发现美国各州间竞争降低了竞争壁垒的监管。研究发现，监管诱导竞争减少了流动性创造。研究还发现，小银行在竞争的流动性破坏效应中会有所缓解。

还有研究表明，竞争可以促进流动性创造的机制。首先，竞争往往会刺激金融创新并提高效率（Boot and Thakor, 2000; Kerr and Nanda, 2009; Laeven et al., 2015)[72-74]。其次，竞争往往使银行更加透明（Jiang et al., 2019)[71]，这可以激励银行经理投入更多的精力来筛选潜在的借款人和监督公司。反过来，信贷分配的改善可以鼓励更多的银行贷款和更多的流动性创造。Schaeck 等 (2010)[75]、Love 和 Pería (2012)[76]从价格渠道视角进行研究，其研究表明，银行业的竞争度加剧会导致贷款利率下降，存款利率上升，削弱其市场势力，从而增强银行揽储和信贷供给的能力，导致存款和贷款需求增加，进而提升银行流动性供给能力。还有学者认为，竞争度的提高会刺激存贷需求。Beck 等（2010）[77]为这一论点提供了实证支持，他们发现，银行集中度的提高总体上增加了融资障碍，而 Hainz 等（2013）[78]表明竞争度增加与更高的附带要求有关。因此，“价格渠道”的观点表明竞争与流动性创造之间存在着正向联系。

目前，国内学者主要从市场势力、风险承担能力、风险水平、货币政策视角考察竞争对流动性创造的影响，其结论不一。有学者认为竞争与流动性创造两者存在显著的负相关关系。巴曙松等（2016）[33]证实了中国商业银行“脆弱性渠道”存在，但两者的关系随着银行类型（许桂华和谭春枝，2016）[79]、银行规模、资产负债方、风险承担能力、风险水平等（周凡和齐天翔，2017）[80]影响因素不同而不同。然而，李明辉等（2018）[81]研究表明，竞争与流动性创造之间存在非线性关系。还有学者研究表明，竞争度与流动性创造呈正相关关系。

（2）效率与流动性创造。

根据经济效率理论，金融机构如果以最低成本投入产生一定水平的产出，则可提高其成本效率。通常的做法是：商业银行通过建立一个新的商业扩张计划，使其获取规模经济或范围经济；此外，还可以通过获取或发明更复杂的技术来降低其成本投入；再或者，通过最小化信息不对称，促使成本最小化，从而提高成本效率。根据银行效率理论，贷款是银行生产的主要产出之一，银行在贷款方面面临的主要问题是不良贷款的水平。然而，如果银行能够减少其信息不对称，就能提高筛选借款人的能力，从而减少不良贷款的水平。因此，它可以重新分配资源并增加贷款的比重，即增加非流动资产占比，从而增加流动性创造。

有学者研究表明发现，银行并购活动减少了信息不对称并导致流动性增加（Panetta et al.，2009）[82]，Berger 和 Bouwman（2009）[15]也支持这一观点，他们证明了银行并购（M&As）占了整个行业的流动性，并造成流动性创造高速增长。Ariss（2010）[83]、Cornett 等（2011）[84]、Berger 等（2015）[85]以及 Peydro 等（2016）[64]研究了当银行处于金融压力之下时，流动性创造是如何变化的，对流动性创造有没有影响。此外，Pana 等（2010）[22]的研究提供了经验证据，表明存款保险水平较高的银行在合并前后创造了较高的流动性。Carletti 等（2007）[86]分析了银行合并对银行间市场流动性波动、资本持有量和贷款利率的影响。根据并购活动提高流动性创造研究结论，Baltas 等（2017）[23] 推断，提高成本效率的相同作用机制也会增加流动性创造。通过采用一种新的压力测试情景下的 PVAR 方法，分析了银行潜在有效并购重组活动影响成本效率从而对流动性创造产生影响，发现提高银行的成本效率水平会增加其流动性创造，并首次提出了“成本效率—流动性创造”假说。

2.2.3 自愿信息披露与流动性创造研究现状

（1）自愿信息披露与流动性创造。

信息披露策略选择背后有着极其复杂的动机，会给经济后果产生重大的影响。一些学者研究表明，自愿披露能够提高流动性，减少资本成本并且提升公司价值。Diamond 和 Verrecchia（1991）[87] 认为，公开信息会减少信息不对称，通过吸引大量流动性来降低公司的资本成本。大公司因披露更多信息而受益最大，但披露也降低了风险承担。Bischof 和 Daske（2013）[88] 检验了强制性披露会导致随后时期的自愿披露增加，并通过自愿披露均衡的转变，增加了银行的流动性。Balakrishnan 等（2014）[89] 认为通过自愿披露比市场监管规定更多的信息，这样能够提高流动性，也对公司应对外部环境的变化提供更加及时的指导，研究表明，管理者可以通过自愿信息披露影响资本成本，从而提高公司价值。

谭政勋和黄东生（2012）[90] 从信息披露角度研究银行存款稳定影响的微观因素，验证信息披露与银行稳定的关系，研究表明，信息披露能在一定程度上促进银行稳定性。朱波等（2016）[91] 从信息披露角度研究存款保险制度与银行风险承担关系，表明为有效缓解信息不对称问题，提高信息披露程度能降低系统风险，同时也表明信息披露有效降低风险承担行为，进一步发挥市场约束作用，需要完善相应的制度环境和市场基础（王宗润等，2015；许友传，2009；Wang et al.，2015）[92-94]。

然而，另一些学者研究表明，信息披露提高透明度的同时，会带来不稳定风险因素，提高破产风险。巴曙松等（2005）[95] 强调银行信息披露在提高风险管理水平的同时，短期内可能引发存款流失和股价波动。Bouvard 等（2015）[96] 认为在金融危机期间，披露银行专有信息会提高金融系统的稳定性，然而在正常的经济时期具有不稳定的效应。Thakor（2015）[97] 研究表明，为阻止逆向投资后果，更多的有投资价值的策略公司会选择披露较少的信息，尤其对于银行来说，在缺乏披露监管的情况下，提高透明度会提升银行破产风险。Zelenyuk 等（2016）[98]检验了自愿披露资本状况给银行展期风险降低的同时，加速贷款业务增长，给金融稳定性带来威胁。徐晔和熊婷燕（2018）[99]检验了自愿信息披露对信贷供给和展期风险的关系，研究表明，流动性覆盖率信息的自愿披露会减少银行的信贷供给，但会降低银行的展期风险。

（2）公司治理与流动性创造。

银行治理研究主要集中于研究其对银行绩效或风险承担行为的影响。在学者研究中没有达成共识，一些研究支持银行治理对银行绩效或风险承担行为很重要（Levine et al.，2012；Pathan，2009）[100,101]，而另一些研究发现治理在银行中发挥着微不足道的作用（Fahlenbrach and Stulz，2011；Aebi et al.，2012；Beltratti and Stulz，2012）[102-104]。Wintoki 等（2012）[105]、Ellul 和 Yerra（2013）[106]提出，需要强有力的内部治理，以防止无法完全由监管监督或外部市场纪律控制的风险管理失效。特别是在金融危机之后（Pathan and Faff，2013）[107]。Faleye 和 Krish（2014）[108]发现，银行董事会的有效性降低了高风险贷款，这种影响仅限于危机时期。他们还发现，信用风险委员会对银行的影响更大。如果强有力的治理允许银行通过谨慎的风险来创造流动性，那么它们就能够增加公司的价值，并保持偿付能力。Díaz 和 Huang（2017）[109]首次研究了公司治理对流动性创造的影响，研究表明公司治理水平越高的银行其流动性创造水平越高，但是仅仅大公司才具有公司治理能力，进一步的分析表明，具体的内部治理类别，如 CEO 教育、薪酬结构、所有权等因素对银行流动性创造有显著的影响。

（3）流动性监管新规的影响研究。

流动性监管新规发布以来，许多学者从监管新规指标的变化对银行经营行为、经济金融冲击产生的影响和监管效果方面进行研究。巴曙松等（2013）[110]通过对流动性覆盖比率指标对比研究发现，流动性监管具有冲击宏观经济和金融、道德风险等负面影响。他们从流动性新监管指标的构成上分析流动性监管新规实施对我国经济金融的行为影响，研究表明提高流动性标准有助于降低银行危机发生的概率，短期会对我国经济金融造成冲击。卞志村和王颖（2015）[111]利用面板 VAR 模型分析了我国商业银行活期存款比率与上市银行风险承担之间的关系，以及流动性监管指标对活期存款的监管效果，建议设计激励机制调动银行自愿披露信息的积极性，强化市场对银行风险行为的约束。但是，很少有学者从实证角度证实信息披露对流动性创造的影响。

2.2.4 流动性风险与流动性创造研究现状

（1）流动性创造对流动性风险影响研究。

在流动性创造对流动性风险影响方面，大多数学者研究认为，流动性创造对流动性风险呈正向关系（Allen and Gale，2004；Berger et al.，2009）[112,113]。Imbierowicz 和 Rauch（2014）[114]运用美国银行数据进行实证分析，研究结果表明，商业银行向实体经济注入的流动性越高，由此所承担的流动性风险就会越大。Fungacova 等（2014）[115]进一步研究了流动性创造和银行流动性短缺的关系，提出了“高流动性创造假说”，即银行流动性创造核心活动的扩散会增加银行破产概率。Acharya 和 Naqvi（2012）[116]认为，过度的流动性可能促使银行业引发或加剧资产泡沫，潜在地增加银行业的脆弱性，并引发金融危机。Zheng 和 Cronje（2019）[117]考察了2003—2014年美国银行流动性创造与风险之间的关系，研究表明，银行流动性创造与银行风险呈负相关，银行资本在两者之间起到正调节作用。

我国学者孙莎等（2014）[118]认为银行流动性创造越大，其面临的流动性风险越高。刘志洋和宋玉颖（2015）[119]运用2006—2013年中国上市商业银行数据分析，根据资本充足率和信用风险特征，得出流动性创造与流动性风险呈正相关关系，资本充足率越低或信用风险越高，流动性创造越多，流动性风险越大。吴成颂等（2019）[120]考察了在利率市场化视角下，多元化经营对流动性创造的影响。研究表明，在表内业务方面，流动性创造加剧了风险系数，而表外业务没有此影响。项后军和曾琪（2019）[121]分析了商业银行同业业务期限错配对商业银行的内在稳定性和脆弱性产生的影响，研究表明，银行过度参与同业业务的期限错配显著增加了同业业务的流动性创造，但降低了总体流动性创造的能力，短期内加剧了银行的脆弱性。

然而，也有学者研究认为流动性创造对银行流动性风险的影响为负。Jian 和 Thakor（2008）[122]研究了银行间竞争对流动性风险的影响，以及流动性与信用风险之间的相互作用，认为在银行间竞争可以忽略不计的情况下，较高的信用风险可能会降低流动性风险，银行对流动性的需求也可能促使其承担额外的信用风险。敬志勇等（2013）[123]基于流动性创造均衡模型分析，以活期存款比率作为流动性创造能力的一个代理指标，对我国商业银行流动性创造和风险预警进行实证分析表明，流动性创造能力越强，流动性风险越小。

（2）流动性风险对流动性创造影响研究。

在流动性风险对流动性创造影响方面，Diamond 和 Rajan（2001）[7]研究表明，存款人对流动性的需求存在不确定性、挤兑预期和利润追逐都将影响流动性创造行为，脆弱性要求银行创造流动性，使储户能够在需要时提取，同时缓冲借款人对储户流动性的需求，过高的资本要求会减少流动性创造。Cornett 等（2011）[84]研究表明，在受到流动性冲击时，非流动性资产持有过多的银行会因流动性风险的增加而减少流动性创造。但 Thadden（2004）[124]、Coval 和 Thakor（2005）[125]考虑到“风险吸收效应”，认为资本充足率较高的银行，其资本能够抵御风险，流动性创造将因银行的风险承受能力的增加而增大。

我国学者周爱民和陈远（2013）[126]验证了资本结构对流动性创造的影响，研究结果表明，国有商业银行表现出显著的风险吸收效应，而金融脆弱“挤出”效应主要表现在区域性银行和外资银行。刘志洋和宋玉颖（2018）[127]从机构记忆假说视角研究流动性风险对流动性创造的影响，研究认为，银行行业信贷供给既受商业银行资本充足率的影响，也受流动性风险的影响，并提出宏观审慎监管对银行信贷供给进行逆周期调控，且流动性风险要从表内和表外来区别分析。近年来，我国学者开始关注两者之间的动态联动关系。崔婕等（2018）[128]以 2007—2016 年中国 57 家商业银行为样本，构建动态面板联立方程模型实证分析银行流动性创造与流动性风险的影响关系，研究结果表明，两者之间是正相关关系，同时流动性风险水平因银行的不同类型对流动性创造具有显著的异质性。刘志洋（2018）[129]从动态视角考察了货币政策、银行风险以及流动性创造三者之间的相互影响，研究表明，流动性创造对银行风险影响呈现先下降后上升的态势，然而，银行风险对流动性创造具有负面影响。

2.3 现有研究文献评述

通过对流动性创造研究现状梳理和分析可知，2008 年全球金融危机后，流动性创造影响机制问题的研究是当前监管当局和银行部门亟待解决探究的问题。在当前我国以银行为主导的金融系统中，充分发挥银行的流动性创造功能，对于保障经济、金融的稳定意义重大。从当前银行流动性创造影响机制来看，银行流动性创造机制研究主要由货币政策、竞争、风险承担以及资本方面因素的影响。因此，流动性创造机制还有待进一步深入探究。深入剖析流动性创造机制，探寻流动性风险根源，有助于提高流动性管理水平，增强流动性监管，有效防范流动性风险。因此，在资本监管和流动性监管双重监管压力下货币政策的流动性创造宏观传导机制、竞争、效率对流动性创造影响的中观作用机制、信息披露监管政策下的自愿披露对流动性创造的微观影响机制以及系统性层面下的流动性风险对流动性创造的影响成为本书进一步探究流动性创造机制的研究方向。

第一，资本监管和流动性监管的双重监管压力是未来所处的双重监管环境，在审慎监管框架下如何与货币政策协调，对宏观流动性产生影响，进而对经济发展产生影响，是当前亟待解决的问题。当前大多数研究者是在单一约束视角下进行对流动性创造影响研究，然而，流动性监管与资本监管并驾齐驱，具有与资本监管同等重要的地位。因此，在流动性监管和资本监管双重重压下，宏观审慎监管工具对流动性创造产生怎样的影响，以及宏观审慎监管工具与货币政策协调性如何有待我们进一步的探讨。

第二，大多学者研究了竞争对流动性创造的影响，然而竞争如何作用关于流动性创造，在经济“新常态”形势下，如何在竞争加剧的环境中保持较高的流动性供给，积极践行金融更好地服务实体经济的要求，助力实体经济蓬勃发展是当前银行业改革亟待解决的课题。已有研究表明，成本效率能提高流动性创造，然而，成本效率作为中介路径作用于竞争与流动性创造，对竞争与流动性创造具有调节作用还有待进一步探讨。

第三，国内外学者对信息披露是否发挥市场约束从而影响银行风险及稳定性方面的研究比较丰富（史燕丽等，2017）[130]，但从自愿披露角度，特别是从实证方面对银行稳定性、风险承担行为方面研究尚不多见。另外，国内大部分研究是从指标的对比分析的角度来讨论监管新规对银行经营行为、经济冲击以及监管效果，对银行自愿信息披露行为影响研究极其匮乏，尤其是对流动性覆盖率信息披露新规实施有效性研究尚属空白。在当前宏观经济金融环境严峻形势下，信息披露作为强化市场约束并促进银行审慎经营的重要外部机制，自愿披露是提高透明度的有效手段，发挥市场约束作用，降低系统风险，提高银行稳健经营以及评估新规实施效果方面的研究就显得尤其迫切和必要。

第四，从流动性风险影响方面，更多的学者主要从单方面进行研究，然而流动性创造与流动性风险之间有着天然内在的衍生关系。两者相互渗透，相互影响。同时，流动性创造与流动性风险之间存在怎样的联动关系？流动性创造越大会给银行流动性风险造成怎样的影响？银行对流动性风险管理采取的什么策略？对这些问题的探究，有助于我国监管当局了解流动性创造与流动性风险之间产生的原因和影响程度，有针对性地提出监管政策及措施；同时也为商业银行流动性风险管理提供有力依据，促使商业银行把握两者的关系，有效防范和规避流动风险。鉴于此，在流动性风险管理日益重要的后金融危机时代，以我国商业银行作为研究对象，深入探讨流动性创造与银行流动性风险间的联动关系显得尤为必要。

3　审慎监管视角下流动性创造影响体系构建

3.1　相关概念界定

3.1.1　流动性

流动性的概念是抽象的。由于不同对象的描述不同，当对象不同时，描述也会不同。例如，一家银行的流动性主要是指银行持有流动性资产的情况，而市场的流动性往往强调货币供求总量的平衡，这说明微观和宏观层面的流动性是不一样的。巴塞尔委员会指出，“流动性是指银行在不产生不可接受的成本的情况下，为增加资产而融资和履行到期债务的能力”。在《金融风险管理手册》中，流动性被解释为“流动性是指产生能满足支付要求的现金流，以及现金流包括资产收益和从市场上借入的资金。工商银行管理层的彼得·罗斯（Peter Roth）将流动性解释为“当银行需要资金时，如果能够以合理的成本立即获得资金，则认为银行具有流动性”。美国储蓄监管局（OTS）将流动性解释为三个方面：利用融资渠道偿还到期债务的能力、持有的现金总额和其他资产能够迅速转换为现金而不会造成重大损失的能力，以及以可接受的价格偿还债务或履行承诺资金的能力成本。

从以上内容可以看出，不同的学者对流动性有不同的解释。从微观层面看，流动性是指资产转化为支付结算手段的难度，是指流动性向市场延伸的程度，即在不影响价格的情况下快速成交的能力，这也与市场交易量有关。从中宏观层面看，商业银行体系所持有的超额准备金在一定程度上反映了银行体系的流动性状况，而面向全社会的货币发行和金融资产包括狭义货币 M1 等各种高流动性资产的总量和价格波动，以及广义货币 M2、居民和企业存款、短期国债、货币市场基金等，可见流动性的具体内涵应结合具体观察的问题水平和流动性特别强调的及时性、流动性和资产来解释。

本书从审慎的角度研究流动性创造的影响。因此，本书将流动性分为宏观流动性、中观流动性、微观流动性以及系统流行性。宏观流动性主要反映宏观层面的货币供给；中观流动性主要反映银行间流动性；微观流动性是指市场约束行为影响的流动性。这个分类便于讨论审慎问题。宏观流动性与货币政策和审慎监管政策有关。中观流动性与审慎政策、银行竞争与效率密切相关。微观流动性是审慎监管政策、信息披露和制度流动性等方面，系统流动性是全面审慎视角下从多维度视角构建流行性体系。

3.1.2 流动性创造

(1) 流动性创造概念界定。

Diamond 和 Dvbvig (1983)[5] 曾从银行职能角度指出，流动性创造的实质就是流动性期限转换过程，资产和负债的流动性转化就是流动性创造过程。Berger 和 Bouwman (2009)[15] 也支持这一观点。因此，商业银行将流动性期限转换过程就是流动性创造过程，增加自身的流动性同时向实体经济注入流动性。

(2) 流动性创造测度。

本书参考 Berger 和 Bouwman (2009)[15] 提出的“三步法”，全面测量我国商业银行流动性创造指标。该方法关键是要根据我国商业银行的资产负债表构建测度指标体系。首先，将资产负债表中的资产项、负债项、权益项以及表外项的科目根据资产变现难易程度和交易成本划分，并赋予不同的权重，再根据加权项目得到流动性创造总和。资产负债及表外项目的流动性划分具体如表 3 - 1 所示。

表 3 - 1　　资产负债项目和表外项目的流动性划分

资产项目		
流动性资产（权重为 -0.5）	半流动性资产（权重为 0）	非流动性资产（权重为 0.5）
现金及存放中央银行款项；衍生金融工具；交易和按公允价值计量且其变动计入当期损益的金融资产；可供出售金融资产；持有至到期金融资产；其他证券	消费贷款；逆回购协议、借入证券和现金抵押；同业贷款和垫款净额；应收款项	企业贷款；抵押贷款；其他贷款；对关联公司的投资；递延所得税资产；固定资产；保险资产；当期所得税资产；已终止业务；抵债/其他房地产；其他资产；商誉；无形资产
负债和所有者权益项目		
流动性负债（权重为 0.5）	半流动性负债（权重为 0）	非流动性负债和权益（权重为 -0.5）
活期存款；衍生金融工具；交易性负债	储蓄存款；定期存款；其他客户存款；同业存款；其他批发存款；小于 1 年的短期融资和债务证券；按公允价值计量且其变动计入当期损益的金融负债；回购协议、借出的证券和现金抵押；应付款项	按历史成本核算的长期借款和债务证券；其他长期借款；其他负债；已终止业务；保险责任；当期所得税负债；递延所得税负债；贷款损失准备金；准备；其他递延负债；次级负债；权益
表外项目		
流动性表外业务（权重为 -0.5）	半流动性表外业务（权重为 0）	非流动性表外业务（权重为 0.5）
	托管的证券化资产；证券化的其他风险暴露	担保；承兑票据和跟单信用证；承诺信用额度；其他或有负债

（3）流动性创造的分类。

①表内和表外流动性创造。商业银行流动性创造可以从表内和表外业务两个方面履行职能，从而将银行流动性创造分为表内流动性创造和表外流动性创造。表内流动性创造机制是银行作为金融中介，在为资金需求者

持有了较低流动性的项目（如贷款）的同时给资金需求者较高流动性的项目（如存款证明），使双方都不缺乏较强的流动性，为资金提供者和需求者达成间接匹配，给社会提供了更多的流动性。表外流动性创造机制与表内创造机制类似，也就是客户在约定的条件下需要资金时提取资金（如贷款承诺等类似的表外业务），这时银行持有流动性较低的项目，而客户得到流动性较高的项目，给社会提供了流动性。

②资产、资产（含表外）和负债流动性创造。根据 DD 模型的期限转化理论得知，银行在负债期限转换为资产过程（如吸收活期存款转化为贷款）的同时，资产也能转化为负债，或是活期存款的可控留存率，以此达到流动性创造的均衡。因此，为防止银行挤兑，银行的活期存款的吸收和留存能力，本书称为负债流动性创造能力。

因此，本书根据项目分类和权重的加权求和分别可以得到资产流动性创造、负债流动性创造、资产（含表外）流动性创造以及表内和表外流动性创造指标。

（4）流动性监管指标的构建。

巴塞尔协议Ⅲ新推出了两个监管指标：一个是流动性覆盖率（LCR），另一个是净稳定资金比例（NSFR）。虽然目前净稳定资金比例尚未纳入《商业银行流动性管理办法（试行）》中，但已纳入 2016 年的宏观审慎评估体系（MPA）的流动性指标中。实际上我国监管层也表示待未来成熟后作为长期流动性风险结构统一的监管要求。但鉴于其指标测算的可操性，由于流动性覆盖率仅有部分银行进行了披露，若以其作为流动性监管指标进行分析，样本严重缺失且有偏。因此，本书选取净稳定资金比例作为流动性监管约束指标进行分析。

巴塞尔协议Ⅲ规定，净稳定资金比例（NSFR）的最低标准为 100%，其定义是指未来 1 年银行可用和所需资金的比例，可通过银行资产负债表上科目以及所对应的稳定性折算率进行计算得到，因此，净稳定资金比例指标的自主计算的可操作强。由此，本书选择净资金稳定比例作为流动性监测指标的代理指标。借鉴曾智和何雅婷（2016）[131] 以及我国商业银行资产负债表实际科目来构造计算我国净稳定资金比例的各类科目和相关折算率，如表 3 -2 所示。

表 3－2　　我国净稳定资金比例各科项目及相关折算率

资产项目	RSF 折算率	负债项目和股权	ASF 折算率
1. 总盈利资产		1. 存款和短期融资	
1.1 贷款		1.1 客户存款	
1.1.1 住房抵押贷款	65	1.1.1 短期存款	90
1.1.2 其他抵押贷款	85	1.1.2 储蓄存款	95
1.1.3 其他零售贷款	85	1.1.3 长期存款	95
1.1.4 对公贷款	85	1.2 银行同业存款	0
1.1.5 其他贷款	85	1.3 其他存款及短期类融资	
1.2 其他盈利资产		（1）剩余期限小于 6 个月	0
1.2.1 对银行贷款及发放	0	（2）剩余期限为 6 个月至 1 年	50
1.2.2 衍生品资产	50	2. 其他有息负债	
1.2.3 政府有价证券	5	2.1 衍生品负债	0
1.2.4 可供出售证券	50	2.2 交易类负债	0
1.2.5 持有到期证券	50	2.3 长期融资	100
1.2.6 其他证券	50	3. 其他负债	0
1.2.7 剩余盈利资产	50	4. 贷款损失准备	100
2. 固定资产	100	5. 其他准备	100
3. 非盈利资产		6. 股权资本	100
3.1 现金和同业存款	0		
3.2 商誉	100		
3.3 其他无形资产	100		
3.4 其他资产	100		

3.1.3 系统流动性风险

2014 年 2 月，银监会发布《商业银行流动性风险管理办法（试行）》，建立了流动性风险监管的系统框架，这对提高我国商业银行流动性风险管理和监管水平、促进我国银行业安全稳定运行具有重要意义。由此可见，银行流动性风险一直是监管者、理论界和实务界关注和争论的焦点。国内外学者对流动性风险进行了多种解释，但尚未达成一致的定义。本书对一些有代表性的定义进行了整理，具体见表3-3。

表3-3　　商业银行流动性风险指标定义

流动性风险指标	定　　义
存款准备金率	存放央行款项/各项存款余额
流动性比例	流动性资产/流动性负债×100%
经调整资产流动性比例	调整后流动性资产余额/调整后流动性负债余额×100%
流动性缺口率	流动性缺口/90天内到期的表内外资产×100%
核心负债依存度	核心负债/总负债×100%
存贷款比例	各项贷款余额/各项存款×100%
最大十户存款比例	最大十户存款总额/各项存款×100%
流动性覆盖率（LCR）	优质流动性资产储备/未来30天的资金净流出量×100%
净稳定资金比率（NSFR）	可用的稳定资金/所需的稳定资金×100%

流动性风险是指在规定的时间内，商业银行不能以合理的价格获得足够的资金，来开展银行资金业务所需的概率。本书所指的系统流动性风险，是指在多指标的流动性风险的衡量。由于监管部门对流动性监管指标加入了全新的监测指标，因此，为顺应当前流动性风险监测趋势，本书在构建系统流动性风险指标体系当中加入新引进的流动性监管指标以便更好地反映当前银行流动性风险水平。特别需要指出的是，本书的流动性风险指标是基于银行资产负债表微观基础上测算的流动性，是类似于存贷比、流动性比率、流动性缺口、流动性覆盖率、净稳定资金比例等衡量银行流动性风险指标。

一些学者构建了反映银行流动性风险的流动性风险综合指数。但是构建的指标体系千差万别，在新引入的监管指标下，过去构建的流动性风险指标体系不能反映当前流动性监管思路和理念，不能满足当下流动性监管的要求。因此，系统流动性风险指标体系的构建是银行监管的一个重要问题，是反映当前金融系统流动性风险大小的重要指针。

3.1.4　自愿信息披露

通常，信息披露的形式分为强制性和自愿性的。自愿公开是自愿信息披露的特征，与强制披露不同，有选择性地披露某些信息或内容具有任意性。例如，管理者可以有意识地选择披露一些对自身有利的信息，挑选特定的时间进行披露。自愿披露的内容主要有社会责任、业务数据、预期发展、财务预测、会计信息、研发活动、内控报告等方面；而强制披露的内容则是根据披露法则要求披露的内容，一般为商业银行基本信息、股东大会信息、董事会、监事会报告、重大关联交易、财务及业务数据摘要、财务报告、重要人员的变动、公司治理结构等。然而，强制信息披露当中的内容是具有灵活性的，银行可以根据选择性自愿披露。

自愿信息披露银行的认定是本书开展的关键问题之一。本书认为公司自愿性信息披露是指在强制性的规则要求下，公司管理层自主提供的关于公司财务和公司发展的其他方面相关信息。本书依据披露意愿是“强制”还是“主动”这一明确的制度界限来界定自愿披露行为，也即监管要求披露的银行是强制披露，监管未要求的银行进行了披露是自愿披露。

3.2 审慎监管视角下流动性创造影响因素关联体系构建

为了确保整个金融体系的风险保持在“审慎”的水平，监管机构的任务是应对两种形式的监管挑战：一个是微观审慎监管，它需要确保银行层面的风险不会过度承担；另一个是宏观审慎监管，旨在遏制银行可能过度暴露于整体破产的系统风险。迄今为止，这两种形式的监管通常都是孤立处理的，尤其是在政策争论中。微观审慎监管旨在遏制银行扭曲的激励机制，使银行股东的风险转移（或资产替代）期权的价值最大化，尤其是在存在存款保险等监管性看跌期权的情况下。另外，宏观审慎监管主要关注管理系统性资本和流动性短缺的风险，表现为减价出售或者资本市场冻结。宏观审慎监管也会研究监管干预如银行退出是否能够阻止这些事件或加重对他们的影响。但无论监管工具是宏观还是微观，其最终目标都是提高金融系统稳定性。结果，银行和系统风险以及微观审慎监管和宏观审慎监管变得很难区分，微观审慎监管和宏观审慎监管之间的界限开始变得模糊。

从巴塞尔协议Ⅲ革新方面得知，审慎监管不仅要关注微观审慎，同时也要重视宏观审慎，做到宏观和微观审慎相结合的理念。根据前述流动性的定义，流动性是具有多层次的，包含宏观流动性、中观银行流动性、微观市场流动性以及全面系统流动性，四个层次之间相互作用。流动性在宏观、中观、微观及系统层面的传导呈现多样化的特征。根据流动性的特征发现，宏观流动性涉及货币政策和审慎监管政策；中观银行流动性涉及审慎政策和银行竞争；微观市场流动性则主要涉及审慎监管和市场约束；系统流动性是流动性的全面衡量。本书将审慎监管的微观和宏观方面有机结合在一起，通过审慎监管工具在流动性创造影响当中的渗透，积极探讨其作用，因此，在审慎监管视角下对流动性创造影响机制研究是本书要解决的问题。

3.2.1 审慎监管与货币政策

（1）审慎监管与金融监管政策。

2008 年爆发的全球金融危机给传统的金融监管政策存在的缺陷致命一击，折射出传统金融监管的漏洞所在：一是资本充足率的监管要求不高；二是欧美银行业的资产证券化业务发展过于迅猛，金融业务的复杂化使风险难以计量并适时披露，致使仅仅依靠资本充足率监管无法覆盖隐藏的风险；三是流动性监管形同虚设，并未得到重视。危机中的流动性快速收缩，其根源就在于未能审慎管理流动性。为此，巴塞尔委员会颁布了巴塞尔协议Ⅲ，以加强审慎监管，提高金融体系的稳定性（Borio，2007）[132]。

针对上述缺陷，巴塞尔协议Ⅲ加强宏观审慎，提出宏观和微观审慎相结合的理念将对监管要求提出了以下改进：

一是提高资本质量和要求，加入了逆周期审慎监管资本要求，尤其是提高系统重要性银行的资本要求。

二是提出杠杆率监管标准，作为资本充足率的有益补充。在此次金融危机中，银行的高杠杆也被认为是罪魁祸首。非常高的金融杠杆，尤其是短期杠杆，促使银行从事非流动性和高风险的贷款以及导致这些机构普遍破产的证券活动。杠杆率的增加似乎增加了金融机构的系统性风险或集体脆弱性。金融危机通常与一些高杠杆的银行有关，最初遭受投资组合冲击，导致这些银行的资本或流动性短缺，随着危机加深，这种不安情绪迅速笼罩着其他银行。一方面，高杠杆可以使银行经理有更好的资产投资选择和更多可利用的流动性；另一方面，高杠杆意味着金融系统很脆弱。面对可能发生的系统性风险情况，监管干预可以在减少事后脆弱性方面发挥作用。然而，也正是在这些情况下，银行资本结构对事前资产选择的约束作用受到损害。

三是建立了新的流动性监管监测指标（流动性覆盖率和净稳定资金比例），分别用来监测短期和中长期流动性状况。将流动性要求再次提升在金融市场和银行体系的重要位置。为保证银行拥有足够的优质流动性资产，提高短期应对风险能力，保证基本流动性需求提出了流动性覆盖率（LCR）这一监管指标；而为了增强银行应对长期流动性风险的抵御能力，促使银行更加稳定、持久地在融资渠道上支持表内外风险敞口业务，特提出了净稳定资金比例（NSFR）这一监管指标。

因此，本次巴塞尔协议Ⅲ的改进主要是引入了新的审慎监管工具，主要目的是加强宏观审慎监管，与微观审慎监管相结合，共同作用，避免系统性风险的发生。

（2）金融监管政策与货币政策。

货币政策工具对实体经济影响的信贷传导渠道得到学界的广泛认同，也即货币政策对流动性创造影响通过信贷渠道传导机制得到验证。2004 年颁布的资本充足率管理办法对银行的资本管理和资产负债管理模式产生了深远的影响。在资本约束下，货币政策的传导效应会发生改变，其对银行经营行为的影响以及传导效应已得到学界的充分认证。然而，2014 年颁发的《商业银行流动性风险管理办法（试行）》标志着商业银行流动性监管新征程。伴随资本监管要求的加码，也意味着我国商业银行进入资本监管和流动性监管的双约束阶段。在此进程中，金融监管工具与货币政策工具的结合，势必会对商业银行的资产配置产生影响，从而改变流动性创造行为。

金融危机后，巴塞尔协议Ⅲ出台，标志着国际商业银行在审慎监管框架下改变银行的经营行为模式，改变商业银行流动性资产的配置方式和方法。随着银行监管规则的不断变化，传统的银行行为模式也在发生变化。因此，在资本和流动性审慎监管的双重约束下，货币政策传导效应以及对银行流动性创造会产生影响。在双重监管约束下的货币政策传导效应如图3－1所示。

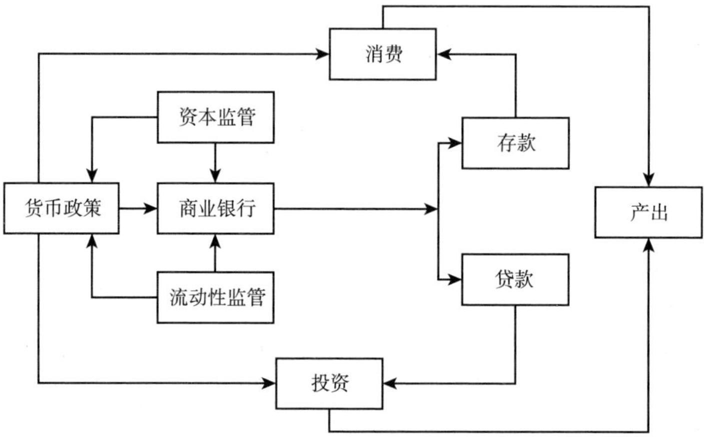

图3－1 双重监管约束下货币政策传导效果

3.2.2 审慎监管与银行竞争

（1）审慎监管与市场准入。

当前，完善银行监管作为基石和第一道关口显得尤为重要。党的十八大报告曾指出，深化金融体制改革，完善促进宏观经济稳定、支持实体经济发展的现代金融体系。这对我国商业银行提高实体经济服务效率和水平，促进经济健康稳定发展具有重要的意义。

银行业准入监管是指对银行业机构依法进入市场、经营金融产品和提供金融服务的审批，但可能损害存款人利益的机构和业务除外，投资者还是银行业的健康运行，保证银行业金融安全稳定运行是现代经济的核心。据统计，我国银行业金融总体上占我国金融资产总额的92%，而证券、保险仅占8%；在企业融资中，间接融资仍占主体，直接融资仅占12.5%。因此，在金融市场准入监管体系中，银行业准入监管具有特殊重要的意义。银行准入监管的作用是防止过度竞争，保持银行特许经营的价值，抑制逆向选择，避免道德风险，促使银行审慎经营，防止过度冒险。总之，准入监管是确保银行体系安全、维护金融稳定的第一道关口。

对于准入监管的具体内容，根据《中国人民银行金融监管指引》，准入包括机构准入、业务准入和高级管理层准入三个方面。机构准入是指按照法定标准批准设立法人或者金融机构分支机构。业务准入是指按照审慎标准批准金融机构的经营范围和开放新的业务品种。高级管理人员准入是指对金融机构高级管理人员资格的认可。在具体实施过程中，我国银行业准入监管主要遵循以下原则：一是机构准入坚持以风险为基础，重点引导银行业金融机构提高服务实体经济的能力；二是业务准入坚持审慎原则，着力推进银行业金融机构业务转型；三是人员准入坚持高级管理人员和股东准入；四是坚持审慎与效率相结合的原则，优化准入审批流程，提高效率。

（2）市场准入与竞争。

从产业组织的角度来看，进入壁垒的高低对该产业的市场结构有着最直接和最重要的影响。贝恩认为，进入壁垒是指在位企业在不造成潜在进入者进入的情况下，能够长期保持高价格的任何因素，即在位企业可以通过持续的价格报价将价格提高到完全竞争的水平，但并不是因为潜在进入者的进入，特别是对于银行来说，进入壁垒可以分为两类：一类为经济进入壁垒；另一类为政策性进入壁垒。经济进入壁垒是由内部经济因素造成的，如银行业的规模经济、产品差异化、信息优势或技术等；而政策性进入壁垒是由外部监管因素造成的，如政府对银行业采取的法律、法规和政策等。在进入壁垒的保护下，我国银行业垄断程度高，产品差异化程度低，竞争手段有限。由于我国利率市场化程度较低，经济壁垒适用于所有银行，它们相对平等、自发。因此，政策性壁垒是我国银行业的主要进入壁垒（于良春和鞠源，1999）[133]。审慎视角下竞争、效率与流动性创造影响关系如图 3－2 所示。

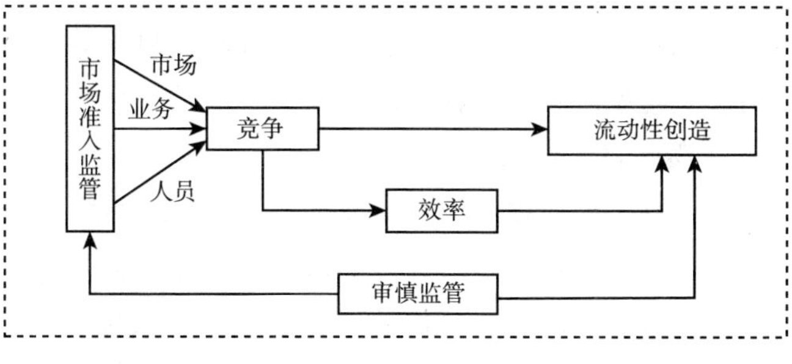

图 3－2　效率在竞争与流动性创造中的中介作用机制

3.2.3 审慎监管与自愿信息披露

(1) 审慎监管与信息披露。

市场约束是《新巴塞尔协议》(也即巴塞尔协议Ⅱ) 三大支柱之一(另外两个是监管监督和资本金要求)。这种关于市场纪律的争论主要涉及银行特定风险的减弱，因此它可以被看作微观审慎监管的工具。

亚洲金融危机的暴发，其根源是信息披露问题。商业银行信息不透明、信息披露制度不健全等问题在金融危机中凸显出来。由此，信息披露一直以来受到巴塞尔银行监管委员会的高度重视。委员会至1997年起就发布了有关文件涉及信息披露问题，之后一直在不断完善信息披露制度，主要本意就是要提高商业银行的透明度。也就是说，加强商业银行信息披露监管。巴塞尔委员会明确指出，商业银行信息披露制度的建立是市场约束作用的发挥前提条件。其认为，信息披露可以提高银行的透明度，促进商业银行的有序竞争，提高资本效率，降低商业银行的道德风险等。基本宗旨在于保护商业银行存款人及债权人的权益，保障商业银行稳健经营发展，促进市场约束的有效性发挥。

近年来，随着巴塞尔协议Ⅲ的推进，利用市场约束对金融机构进行流动性风险监管得到了前所未有的发展。结合国际信息披露的监管要求，我国不断完善流动性风险管理办法，多次修订《商业银行流动性风险管理办法（试行)》，介绍了国际监管监测指标：流动性覆盖率（LCR）和净资金稳定比例（NSFR)，并于2015年9月发布了最新措施。同时，为强化信息披露市场约束作用，提高风险管理水平，2015年12月发布了《商业银行流动性覆盖率信息披露办法》，这标志着我国流动性风险管理与信息披露监管相结合的改革与发展具有里程碑意义。

(2) 信息披露与自愿信息披露。

强制性和自愿性是商业银行信息披露的两种形式。强制披露最大的特点就是强制性。为了满足监管部门和社会公众的需求，要求其公开相关信息。但强制性是通过法律法规、会计准则和监管部门明确规定的要求，不能违反法规。然而，自愿性信息披露最大的特点是自愿性。可对非强制性披露内容择时进行披露。自愿披露的内容主要有社会责任、业务数据、预期发展、财务预测、会计信息、研发活动、内控报告等方面；而强制披露的内容则是根据披露法则要求披露的内容，一般为商业银行基本信息、股东大会信息、董事会、监事会报告、重大关联交易、财务及业务数据摘要、财务报告、重要人员的变动、公司治理结构等。然而，强制信息披露当中的内容是具有灵活性的，银行可以根据选择性自愿披露。

高敬忠和王英允（2014）[134]对强制披露和自愿披露进行了相关研究。研究认为强制披露和自愿披露看似矛盾其本质上是有内在联系的。强制披露和自愿性披露的选择是为了提高信息披露质量。强制信息披露的制定可能会减少自愿信息披露，例如，强制披露的内容较多较大，势必会增加更多信息的自愿披露成本。同时，强制信息披露具有替代作用，将削弱商业银行管理层的自愿披露动机。但在强制信息披露的质量不高、市场监管不严的情况下，管理层将会利用自愿披露主动披露信息，向资本市场发出“信号”，从而获取预期的回报，在这种情况下，自愿披露会增加。因此，当前，在我国商业银行信息披露水平不高、强制信息披露的监管不力情况下，考察自愿信息披露对市场约束作用的发挥无疑是一个很好的补充，同时可以提升商业银行的透明度，缓解信息不对称带来的道德风险问题。审慎视角下自愿信息披露与流动性创造影响关系如图 3－3 所示。

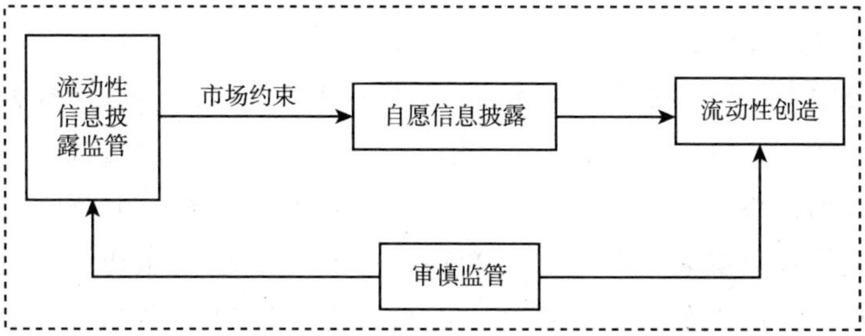

图 3－3 流动性信息披露监管下自愿披露与流动性创造影响机制

3.2.4 审慎监管与系统流动性风险

（1）审慎监管与系统流动性风险监管。

2008 年的国际金融危机充分暴露了流动性风险管理方面的致命缺陷。

例如，业务激励与整体风险承受能力不匹配，缺乏有效途径应对产品和业务条线的风险暴露，激励约束机制不相容；压力测试情景过于乐观，参数估计不完整；应急预案与压力测试结果相关度不高，融资途径失效。之后，巴塞尔监管委员会陆续出台了流动性风险监管和监测相关指标和措施，皆在细化和加强流动性风险监管。总体来说，在巴塞尔协议Ⅲ框架下，流动性监管有以下几个方面的改观：如扩大监管范围，将影子银行纳入监管范畴；加强国际监管合作，加强跨境资本过度流动的监测；注重系统性监管，将流动性风险监管纳入全面风险管理框架中；建立和完善流动性风险预警机制。

（2）系统流动性风险监管与流动性风险管理。

流动性风险监管是巴塞尔协议Ⅲ框架下商业银行风险管理迈出步伐最大的方面。国内外学者在巴塞尔协议Ⅲ框架下大多集中在流行性监管对货币政策的影响方面，如 Schmitz（2011）[135]在流动性监管指标 LCR 的监管下，对欧元区的货币政策实施影响研究。研究结果表明，由于监管套利，货币政策被大打折扣，流动性监管对货币政策的作用被严重低估。Tayler 和 Zilberman（2016）[136]强调了巴塞尔协议Ⅲ在缓解各国央行面临的产出通胀权衡方面的重要性，并对传统（和非传统）泰勒规则在金融危机期间的可取性提出了质疑。Harris 等（2014）[137]提出了一个可操作的一般均衡框架来分析银行面对公开市场竞争时资本监管的有效性。

我国学者主要集中在巴塞尔协议Ⅲ框架下商业银行流动性监管的影响方面。例如，江鹏、费方域（2012）[138]认为在宏观审慎监管框架下，在正常时期，数量及价格方面的流动性监管效果较好，但是在经济萧条期，其监管效果有限。尹继志（2013）[139]认为，巴塞尔协议Ⅲ的监管效果因国别不同产生显著的异质性。巴曙松等（2013）[140]研究发现，巴塞尔协议Ⅲ对宏观经济金融及道德风险方面呈现出负面的影响。他们指出，巴塞尔协议Ⅲ将推动银行进入新的发展阶段，有助于银行提高流动性风险管理水平，其定性和定量研究揭示了巴塞尔协议Ⅲ框架下资本和流动性监管的影响研究的重要性。系统流动性风险与流动性创造衍生反馈关系如图 3－4 所示。

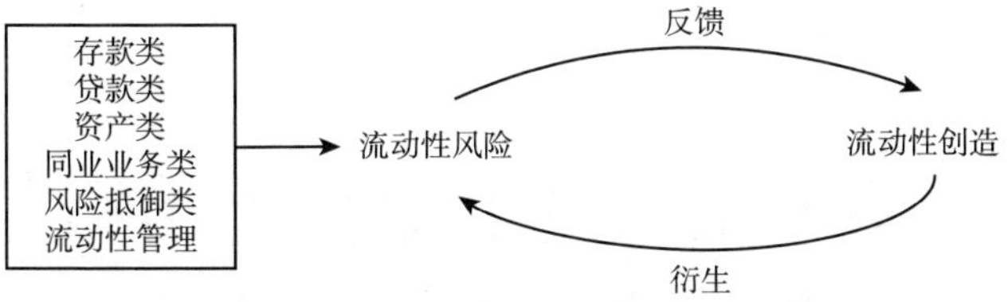

图 3－4 系统流动性风险与流动性创造衍生关系

3.3 本章小结

本章主要对审慎监管下流动性创造涉及的概念进行界定，同时对审慎监管下流动性创造影响机制体系进行搭建。本书的审慎监管是一种理念和原则，从宏观监管、中观监管、微观监管和系统性监管四个角度入手谈论审慎监管。具体为：宏观监管：监管当局实施的资本监管和流动性监管；中观监管：银行机构和业务的准入监管；微观监管：信息披露监管；系统性监管：系统流动性风险监管。通过对宏观层面的审慎监管与货币政策、中观层面的审慎监管与竞争、微观层面的审慎监管与自愿披露以及全面系统层面的审慎监管与流动性风险之间的关系分析，引申出银行流动创造影响机制的几个层面，构建出以审慎监管为视角的流动性创造影响机制脉络图。

因此，在巴塞尔协议Ⅲ框架下，结合流动性化的层次，本书将流动性创造机制从以下几个方面进行探讨：第一，资本、流动性监管在货币政策对流动性创造传导的调节影响机制；第二，效率在竞争对流动性创造影响中的中介作用机制；第三，信息披露监管政策下自愿信息披露对流动性创造影响的市场约束机制；第四，系统流动性风险与流动性创造之间的互动衍生影响机制。

4 双重监管约束下货币政策对流动性创造的影响分析

货币政策工具对实体经济影响的信贷传导渠道得到学界的广泛认同，也即货币政策对流动性创造影响通过信贷渠道传导机制得到验证。2004 年颁布的《资本充足率管理办法》对银行的资本管理和资产负债管理模式产生了深远的影响。在资本约束下，货币政策的传导效应会发生改变，其对银行经营行为的影响以及传导效应已得到学界的充分认证。然而，2014 年颁发的《商业银行流动性风险管理办法（试行）》标志着商业银行流动性监管新征程。伴随资本监管要求的加码，也意味着我国商业银行进入资本监管和流动性监管的双约束阶段。在此进程中，金融监管工具与货币政策工具的结合，势必会对商业银行的资产配置产生影响，从而改变流动性创造行为。

金融危机后，巴塞尔协议Ⅲ出台，标志着国际商业银行在审慎监管框架下改变银行的经营行为模式，改变了商业银行流动性资产的配置方式和方法。随着银行监管规则的不断变化，传统的银行行为模式也在发生变化。我国货币当局常用的货币政策工具和金融监管工具在资产配置行为上存在重叠。因此，在从微观审慎出发的资本监管和从宏观审慎出发的流动性监管双重约束下，两者以及两者之间的交互影响会对货币政策传导效应以及对银行流动性创造会产生怎样的影响，是监管当局和货币政策当局面临的难题。因此，探讨在资本和流动性双重约束下，金融监管与货币政策的协调，以更好地发挥货币政策的作用，具有重要的理论和现实意义。

4.1 双重监管约束下货币政策对流动性创造影响理论分析

4.1.1 双重监管约束下货币政策对流动性创造影响模型构建

借鉴戴金平等（2008）[41]、吕思聪（2018）[59]的模型构建思路，本章考虑在资本充足率及流动性监管这两个审慎监管工具约束下以存款准备金为货币政策工具对流动性创造影响机理的模型构建基本模型假设。

（1）假设存在一个代表性商业银行，遵循“理性人”最大化利润的假设。资产负债项目中的资产主要包括法定存款准备金（R）、贷款（L）、同业净资产（G）①，负债包括存款（D）和权益资本（K）。为简单起见，不论贷款品种以及同业业务期限的风险权重，贷款风险权重设为100%，同业业务风险权重设为0，假设贷款、存款以及“非标”业务市场是完全竞争市场，并分别给出了贷款和存款的利率以及同业业务收益率，分别为r_L、r_D和r_G。

（2）银行在管理资产负债项目时存在管理成本：假设每个项目的管理成本为$C_L=(l/2)L^2$、$C_D=(d/2)D^2$、$C_K=(k/2)K^2$和$C_G=(g/2)G^2$，说明各项目的边际管理成本是递增的。这些成本函数有一个合理的经济解释：例如，贷款的边际成本增加是因为，在贷款额达到一定程度后，如果我们想继续增加贷款，银行不仅会增加随着新增贷款增加而增加的融资成本，但同时银行贷款的监控成本也会出现规模不经济的趋势。存款边际成本的上升是金融业竞争日趋激烈的结果。银行不可能在同一利率水平上吸

① 同业净资产为同业资产减去同业负债的净额。近年来，中国商业银行将同业业务向投资收益型转变，投资于“非标”市场。根据相关文件，“非标”资产包括但不限于信托贷款、委托债权等，具有收益高、风险高和监管少等特点。

引无限资金。为了吸收更多的存款资金，有必要提高存款利率或通过其他隐性利率方法吸引存款资金，如延长营业时间、增设储蓄网点、提高存款积极性的激励政策、理财产品、大额存单等。

资产负债恒等式为：

$$R + L + G = D + K \tag{4-1}$$

根据 Berger 和 Bouwman（2009）[15] 提出的银行流动性创造衡量的指标，可以表示为：

$$LC = 0.5 \times D + 0.5 \times L - 0.5 \times K + 0 \times G = 0.5D + 0.5L - 0.5K \tag{4-2}$$

（3）银行存款完全来自中央银行的货币创造，而消费者将所有剩余资金存入银行。即 $D = R/\rho$，这一假设有利于模型的理论结果解释。ρ 为法定存款准备金率要求。

（4）考虑两个审慎监管工具：资本充足率和流动性监管约束。银行的资本充足率约束为 $K \geq \theta_1 L$，其中 θ_1 为监管当局资本充足率要求，$0 < \theta_1 < 1$。另外，流动性约束可以表示为 $D \geq \theta_2 L$①，其中 θ_2 为监管当局流动性覆盖率要求，$\theta_2 \geq 1$。参考戴金平等（2008）[41] 引入监管惩罚函数，假设惩罚函数为 $V(D,L,K) = Q(\cdot)V$，其中，资本充足率要求的惩罚函数为 $Q_1(K - \theta_1 L) \cdot V_1$，流动性要求的惩罚函数为 $Q_2(D - \theta_2 L) \cdot V_2$。其中，$Q' < 0$，$Q'' > 0$，$Q''' = 0$。

（5）银行坏账损失率为 ω。

（6）流动性创造与货币政策信贷传导渠道畅通。假设表明，货币政策的效应和非对称效应可以看作是流动性创造的效应和非对称效应。

4.1.2 双重监管约束下货币政策对流动性创造影响模型比较静态分析

银行追求利润最大化的行为方程与约束条件：

① 存贷比（RDL）= 贷款总额/存款总额，规定小于 75%。流动性覆盖率（LCR）= 合格优质流动性资产/未来 30 天现金净流出量，规定大于 100%。在简化模型中，LCR 分子包含准备金和部分同业净资产、分母包含存款。净稳定资金比例 = 可用稳定资金/所需稳定资金 × 100%，因此，流动性约束可以统一表示为该式。

$$\max\pi=(1-\omega)r_L L+r_G G-r_K K-r_D D-\frac{d}{2}D^2-\frac{k}{2}K^2-\frac{g}{2}G^2-\frac{l}{2}L^2$$
$$-Q_1(K-\theta_1 L)V_1-Q_2(D-\theta_2 L)V_2 \quad (4-3)$$

s. t. $R+L+G=D+K \quad (4-4)$

$R=\rho D \quad (4-5)$

将约束条件代入目标函数，分别对 L、K 和 G 求导得到[①]：

$$\begin{cases}(1-\omega)r_L-r_G+g(\hat{\rho}R-L^*+K^*)-lL^*+\theta_1 Q_1'V_1+\theta_2 Q_2'V_2=0\\ r_G-r_K-kK-g(\hat{\rho}R-L^*+K^*)-Q_1'V_1=0\\ G^*=\hat{\rho}R-L^*+K^*\end{cases} \quad (4-6)$$

其中 $\hat{\rho}=(1-\rho)/\rho$。

得到：

$$\begin{cases}L^*=L(\omega,r_L,r_G,r_K,\hat{\rho},R,\theta_1,\theta_2,V,g,k,l),\\ K^*=K(\omega,r_L,r_G,r_K,\hat{\rho},R,\theta_1,\theta_2,V,g,k,l),\\ G^*=G(\omega,r_L,r_G,r_K,\hat{\rho},R,\theta_1,\theta_2,V,g,k,l).\end{cases} \quad (4-7)$$

(1) 对准备金比较静态分析。

可得：

$$\begin{cases}\dfrac{\partial L^*}{\partial R}=\dfrac{g\hat{\rho}(k+(1-\theta_1)Q_1''V_1)+(k+g+Q_1''V_1)(1+\hat{\rho})\theta_2 Q_2''V_2}{(k+g+Q_1''V_1)(g+l+\theta_1^2Q_1''V_1+\theta_2^2Q_2''V_2)-(g+\theta_1Q_1''V_1)^2}\\ \dfrac{\partial K^*}{\partial R}=\dfrac{g\hat{\rho}((1-\theta_1)\theta_1Q_1''V_1-l-\theta_2^2Q_2''V_2)+(g+\theta_1Q_1''V_1)(1+\hat{\rho})\theta_2Q_2''V_2}{(k+g+Q_1''V_1)(g+l+\theta_1^2Q_1''V_1+\theta_2^2Q_2''V_2)-(g+\theta_1Q_1''V_1)^2}\\ \dfrac{\partial G^*}{\partial R}=\dfrac{\hat{\rho}((l+\theta_2^2Q_2''V_2)(k+Q_1''V_1)+k\theta_1^2Q_1''V_1)-(k+(1-\theta_1)Q_1''V_1)(1+\hat{\rho})\theta_2Q_2''V_2}{(k+g+Q_1''V_1)(g+l+\theta_1^2Q_1''V_1+\theta_2^2Q_2''V_2)-(g+\theta_1Q_1''V_1)^2}\end{cases}$$

(4-8)[②]

由式 (4-8) 分情况分析，具体如下：

①当商业银行无资本和流动性约束时，即当 $K\geqslant\theta_1L$ 且 $D\geqslant\theta_2L$ 时，$Q_1''V_1=0$，$Q_2''V_2=0$，方程组就简化为：

---

① 下列方程中带 * 的表示不考虑需求面，商业银行的各种最优值，如 L^*，表示商业银行利润最大化时的最优贷款量。

② 本书参考戴金平 (2008) 用储备货币 R 代替法定存款准备金率 ρ 进行分析。

$$\begin{cases}\dfrac{\partial L^*}{\partial R}=\dfrac{g\hat{\rho}k}{kg+kl+gl}>0,\\ \dfrac{\partial K^*}{\partial R}=\dfrac{-g\hat{\rho}l}{kg+kl+gl}<0,\\ \dfrac{\partial G^*}{\partial R}=\dfrac{l\hat{\rho}k}{kg+kl+gl}>0,\end{cases}\tag{4-9}$$

②当商业银行不满足监管当局的资本和流动性要求时，即当 $K<\theta_1 L$ 且 $D<\theta_2 L$ 时，$Q_1''V_1\rightarrow\infty$，$Q_2''V_2\rightarrow\infty$，方程组就简化为：

$$\begin{cases}\dfrac{\partial L^*}{\partial R}=\dfrac{1+\hat{\rho}}{\theta_2}>0\\ \dfrac{\partial K^*}{\partial R}=\dfrac{\theta_1(1+\hat{\rho})}{\theta_2}>0\\ \dfrac{\partial G^*}{\partial R}=\dfrac{\hat{\rho}(\theta_2-1-\theta_1)-(1+\theta_1)}{\theta_2}\end{cases}\tag{4-10}$$

当 $\theta_2<1+\theta_1$ 时，$\dfrac{\partial G^*}{\partial R}<0$；当 $\theta_2>1+\theta_1$ 且 $\hat{\rho}>\dfrac{1+\theta_1}{\theta_2-(1+\theta_1)}$时，$\dfrac{\partial G^*}{\partial R}>0$。

③当商业银行不能满足监管当局资本要求时，但满足流动性要求时，即当 $K<\theta_1 L$ 且 $D\geqslant\theta_2 L$ 时，$Q_1''V_1\rightarrow\infty$，$Q_2''V_2=0$，方程组就简化为：

$$\begin{cases}\dfrac{\partial L^*}{\partial R}=\dfrac{g\hat{\rho}(1-\theta_1)}{l+(1-\theta_1)^2g+k\theta_1^2}>0\\ \dfrac{\partial K^*}{\partial R}=\dfrac{g\hat{\rho}\theta_1(1-\theta_1)}{l+(1-\theta_1)^2g+k\theta_1^2}>0\\ \dfrac{\partial G^*}{\partial R}=\dfrac{\hat{\rho}(l+k\theta_1^2)}{l+(1-\theta_1)^2g+k\theta_1^2}>0\end{cases}\tag{4-11}$$

④当商业银行不能满足监管当局流动性要求，但满足资本要求时，即当 $K\geqslant\theta_1 L$ 且 $D<\theta_2 L$ 时，$Q_1''V_1=0$，$Q_2''V_2\rightarrow\infty$，方程组就简化为：

$$\begin{cases}\dfrac{\partial L^*}{\partial R}=\dfrac{1+\hat{\rho}}{\theta_2}>0\\[2ex]\dfrac{\partial K^*}{\partial R}=\dfrac{g(1+\hat{\rho}-\hat{\rho}\theta_2)}{(k+g)\theta_2}\\[2ex]\dfrac{\partial G^*}{\partial R}=\dfrac{k(\hat{\rho}\theta_2-1-\hat{\rho})}{(k+g)\theta_2}\end{cases}\tag{4-12}$$

当 $\theta_2>\dfrac{1+\hat{\rho}}{\hat{\rho}}$ 时，$\dfrac{\partial K^*}{\partial R}<0,\dfrac{\partial G^*}{\partial R}>0$；当 $\theta_2<\dfrac{1+\hat{\rho}}{\hat{\rho}}$ 时，$\dfrac{\partial K^*}{\partial R}>0,\dfrac{\partial G^*}{\partial R}<0$。

（2）对资本监管要求比较静态分析。

可得：

$$\begin{cases}\dfrac{\partial L^*}{\partial\theta_1}=\dfrac{(k+g)Q_1'V_1-(k\theta_1+g\theta_1-g)Q_1''V_1L}{kg+kl+gl}<0\\[2ex]\dfrac{\partial K^*}{\partial\theta_1}=\dfrac{gQ_1'V_1+(g+l-g\theta_1)Q_1''V_1L}{kg+kl+gl}>0\\[2ex]\dfrac{\partial G^*}{\partial\theta_1}=\dfrac{-kQ_1'V_1+(k\theta_1+l)Q_1''V_1}{kg+kl+gl}>0\end{cases}\tag{4-13}$$

（3）对流动性监管要求比较静态分析。

可得：

$$\begin{cases}\dfrac{\partial L^*}{\partial\theta_2}=\dfrac{(k+g)Q_2'V_2-(k+g)\theta_2Q_2''V_2L}{kg+kl+gl}<0\\[2ex]\dfrac{\partial K^*}{\partial\theta_2}=\dfrac{gQ_2'V_2-g\theta_2Q_2''V_2L}{kg+kl+gl}<0\\[2ex]\dfrac{\partial G^*}{\partial\theta_2}=\dfrac{-kQ_2'V_2+k\theta_2Q_2''V_2L}{kg+kl+gl}>0\end{cases}\tag{4-14}$$

（4）协同效应影响分析。

进一步将 $\dfrac{\partial L^*}{\partial R}$ 分别对 θ_1 和 θ_2 求导，可得监管约束下货币政策的协同影响效应：

$$\frac{\partial^2L^*}{\partial R\partial\theta_1}=\frac{-g\hat{\rho}Q_1''V_1}{[(k+g+Q_1''V_1)(g+l+\theta_1^2Q_1''V_1+\theta_2^2Q_2''V_2)-(g+\theta_1Q_1''V_1)^2]}$$
$$-\frac{2(k\theta_1+g\theta_1-g)Q_1''V_1[g\hat{\rho}(k+(1-\theta_1)Q_1''V_1)}{[(k+g+Q_1''V_1)(g+l+\theta_1^2Q_1''V_1+\theta_2^2Q_2''V_2)-(g+\theta_1Q_1''V_1)^2]^2}$$

$$+\frac{(k+g+Q_1''V_1)(1+\hat{\rho})\theta_2 Q_2''V_2]}{[(k+g+Q_1''V_1)(g+l+\theta_1^2Q_1''V_1+\theta_2^2Q_2''V_2)-(g+\theta_1Q_1''V_1)^2]^2} \tag{4-15}$$

当 $\frac{k}{g}>\frac{1-\theta_1}{\theta_1}$ [①] 时，$\frac{\partial^2 L^*}{\partial R\partial\theta_1}<0$。

$$\frac{\partial^2 L^*}{\partial R\partial\theta_2}=\frac{(k+g+Q_1''V_1)Q_2''V_2}{[(k+g+Q_1''V_1)(g+l+\theta_1^2Q_1''V_1+\theta_2^2Q_2''V_2)-(g+\theta_1Q_1''V_1)^2]^2}$$

$$\cdot[(1+\hat{\rho})(g+l+\theta_1^2Q_1''V_1)-(1+\hat{\rho})(g+\theta_1Q_1''V_1)^2$$

$$+2g\hat{\rho}\theta_2(k+(1-\theta_1)Q_1''V_1)]<0 \tag{4-16}$$

另外，信贷供给对外部监管的敏感度也与外部监管水平有关，对信贷供给变化存在间接影响：

$$\frac{\partial^2 L^*}{\partial\theta_1^2}=\frac{-2(k+g)Q_1''V_1L}{kg+kl+gl}<0,\frac{\partial^2 L^*}{\partial\theta_2^2}=\frac{-2(k+g)Q_2''V_2L}{kg+kl+gl}<0 \tag{4-17}$$

$$\frac{\partial^2 L^*}{\partial\theta_1\partial V_1}=\frac{(k+g)Q_1'-(k\theta_1+g\theta_1-g)Q_1''L}{kg+kl+gl}<0,\frac{\partial^2 L^*}{\partial\theta_2\partial V_2}$$

$$=\frac{(k+g)Q_2'-(k+g)\theta_2Q_2''L}{kg+kl+gl}<0 \tag{4-18}$$

（5）监管约束下货币政策对流动性创造的影响。

①单一约束下对流动性创造的影响。

根据式（4-2）的流动性创造指标构建，而存款 D 是由市场决定的，因此可得准备金（R）、资本充足率（θ_1）和流动性（θ_2）约束对流动性创造的影响如下：

$$\frac{\partial LC^*}{\partial R}>0,\ \frac{\partial LC^*}{\partial\theta_1}<0,\ \frac{\partial LC^*}{\partial\theta_2}<0 \tag{4-19}$$

②双重约束下对流动性创造的协同效应影响。

第一，不同货币政策状态下监管约束对流动性创造的直接影响：

$$\frac{\partial^2 LC^*}{\partial R\partial\theta_1}<0,\ \frac{\partial^2 LC^*}{\partial R\partial\theta_2}<0 \tag{4-20}$$

第二，监管约束对流动性创造存在间接影响：

① 本书认为，银行增加资本的成本要远大于银行购买同业资产的成本，特别是当银行通过上市或发行次级金融债券乃至财政注资和增资扩股等增加资本时，其成本更大。

$$\frac{\partial^2 LC^*}{\partial\theta_1^2}<0,\ \frac{\partial^2 LC^*}{\partial\theta_2^2}<0 \tag{4-21}$$

$$\frac{\partial^2 LC^*}{\partial\theta_1\partial V_1}<0,\ \frac{\partial^2 LC^*}{\partial\theta_2\partial V_2}<0 \tag{4-22}$$

4.1.3 模型分析及经济学含义阐释

从式（4-9）得知，在宽松的货币政策下，商业银行不仅没有增加资本金，反而减少来提高信贷供给，可能存在两种情况：第一种情况是资本监管的缺失可能导致商业银行盲目追求自身利益的最大化，牺牲整个金融体系的稳定性；第二种情况是资本超过监管要求，从而扩大信贷规模，但随着资本充足率水平的不断下降，将逐步向其他三种情况过渡。式（4-11）表明，在这种情况下，商业银行必须增加资本金以确保信贷持续供给。否则，得到的综合收益将无法弥补因不符合监管部门要求而造成的损失。上述两个条件均满足流动性要求。

从式（4-10）、式（4-12）可知，在流动性监管指标在大于某一阈值情况下，会增加同业资产业务保留较高的流动性；在流动性约束值小于某一阈值情况下，即实行较宽松的流动性监管要求下，缩小同业资产业务，增加信贷供给。

在不满足流动性要求时，同业资产业务将紧缩。除资本金处在流动性和充足率均满足的情况下会逐渐减少外，其他情况均会增加。从以上分析得知，无论在何种情况下，均满足：当采取宽松货币政策时，信贷供给增加；当采取紧缩性货币政策时，信贷供给将减少。

从式（4-13）得知，提高资本监管要求，商业银行将增加资本金，减少信贷供给，相应地会转向增加不占资本或少占资本的同业业务。从式（4-14）得知，提高流动性监管要求，商业银行将减少信贷供给，提高流动性较大的同业资产业务以缓解流动性监管压力。从式（4-15）、式（4-16）可知，在一定条件下，随着监管当局对资本充足率和流动性监管要求的提高，将减少银行信贷供给对货币政策的影响，弱化其有效性。显然，调控行为不仅影响扩张性货币政策的有效性，而且在调控政策更加严厉的情况下，也强化了货币政策的不对称性。这种影响是银行监管的间接作用。

同时，监管政策直接影响商业银行信贷供给的不对称性（以下简称监管的直接效应）。

式（4－17）、式（4－18）表明，随着监管当局对监管要求的不断提高，商业银行的信贷规模将不断下降且下降的速度不断增加，这说明银行信贷供给对监管行为的敏感度（弹性）将增加。当无监管约束或惩罚力度为零时，监管政策对银行贷款无直接效应；相反，当监管约束很高或处罚力度很大时，监管行为会直接影响银行信贷行为（见表4－1）。

表4－1　　监管约束下货币政策效应情况

经济状况	货币政策环境	监管约束下的货币政策效应			
		比较静态分析	直接效应	比较静态分析	间接效应
经济萧条	扩张性货币政策	$\frac{\partial^2 LC^*}{\partial R\partial\theta_1}<0$	弱化	$\frac{\partial^2 LC^*}{\partial\theta_1^2}<0$，$\frac{\partial^2 LC^*}{\partial\theta_2^2}<0$	进一步弱化
经济繁荣	紧缩性货币政策	$\frac{\partial^2 LC^*}{\partial R\partial\theta_2}<0$	期初弱化但影响很快消失	$\frac{\partial^2 LC^*}{\partial\theta_1\partial V_1}<0$，$\frac{\partial^2 LC^*}{\partial\theta_2\partial V_2}<0$	强化
对货币政策非对称的影响	货币政策与流动性创造呈正相关关系；当提高资本监管要求时，会抑制商业银行流动性创造；当提高流动性监管要求时也将降低流动性创造能力。资本及流动性监管约束下，提高监管要求，银行流动性创造不断下降，且下降的速度不断增加。这说明银行流动性创造对货币政策的敏感性将增加。与监管政策对信贷供给非对称性间接影响类似，监管政策对流动性创造产生间接非对称性影响				

4.2　双重监管约束下货币政策对流动性创造影响研究假设

从式（4－19）可知，宽松（紧缩）的货币政策提升（降低）流动性创造；当资本监管要求提高时，商业银行的流动性创造将受到抑制；当流动性监管要求提高时，流动性创造能力也将降低。因此，本书提出假设H4－1。

假设H4－1：货币政策与流动性创造呈正相关关系。即，宽松（紧缩）的货币政策会增加（减少）银行流动性创造。

式（4－20）表明资本及流动性监管约束下，提高监管要求，银行流动性创造不断下降，且下降的速度不断增加。这说明银行流动性创造对货币政策的敏感性将增加。式（4－21）、式（4－22）与监管政策对信贷供给非对称性间接影响类似，监管政策对流动性创造产生间接非对称性影响。由此提出假设 H4－2。

假设 H4－2：严格的监管约束会影响货币政策的效果。外部监管约束将制约流动性的创造，弱化货币政策作用；监管约束将加速银行流动性创造的减少，强化货币政策紧缩的效果。

此外，商业银行的流动性创造与其他特征相关，如银行规模、风险管理方式方法以及资产负债管理能力等有关。一方面，国有银行和股份制银行较其他银行更具有竞争优势，规模经济和范围经济效应明显（申创和赵胜民，2017）[141]，有利于发挥流动性创造功能，但受当地所处环境限制较大。由于竞争激烈，商业银行的成本不断攀升，有规避外部监管、追求高风险和收益的动机，导致流动性创造减弱（郭晔和赵静，2017）[142]。另一方面，商业银行有发展影子银行、追求高额利润的动机。祝继高等(2016)[143]研究发现，非国有银行热衷于从事同业业务参与影子银行业务发展，有效避免了传统贷款业务骤降导致的利润下滑，因此，规避监管动机不同导致商业银行的业务结构不同，从而影响流动性创造能力。吕思聪(2018)[59]研究表明外部监管对流动性创造影响具有异质性，相较于国有银行和股份制银行，其他性质的银行更具有规避外部监管的动机，从而不利于其流动性创造。由此提出假设 H4－3。

假设 H4－3：不同属性银行，其外部监管对流动性创造的影响是异质的。

4.3 双重监管约束下货币政策对流动性创造影响假设检验

4.3.1 实证检验模型构建

根据前面提出的研究假设，本书通过构建以下四个层面的计量模型进行双重监管约束下货币政策对流动性创造的影响分析。

(1) 检验不同货币政策工具对流动性创造的影响。

实证模型设定如下:

$$Y_{it} = \alpha_0 + \alpha_1 Y_{it-1} + \alpha_2 MP_{it} + \alpha_3 Control_{it} + \mu_i + \varepsilon_{it} \tag{4-23}$$

其中, i=1, 2, …, n 表示商业银行机构数, t 为时间。被解释变量 Y_{it}为单位资产流动性创造, 货币政策工具 MP 为核心解释变量; Control 为控制变量, 包含资产规模、不良贷款率、资产收益率、净息差、经济增长率、通货膨胀率等指标。下同。

(2) 检验货币政策、监管政策对流动性创造的影响。

$$Y_{it} = \alpha_0 + \alpha_1 Y_{it-1} + \alpha_2 MP_{it} + \alpha_3 Control_{it} + \alpha_4 Constcr_{it} + \alpha_5 Consliq_{it} + \mu_i + \varepsilon_{it} \tag{4-24}$$

其中, Constcr 为资本监管约束, Consliq 为流动性监管约束, 在稳健性检验中, Consldr 为流动性监管约束替代变量。

(3) 检验监管约束下不同货币政策对流动性创造的协同效应影响。

$$Y_{it} = \alpha_0 + \alpha_1 Y_{it-1} + \alpha_2 MP_{it} + \alpha_3 Control_{it} + \alpha_4 Constcr_{it} \times MP_{it} + \alpha_5 Consliq_{it} \times MP_{it} + \mu_i + \varepsilon_{it} \tag{4-25}$$

Constcr × MP 代表资本监管与货币政策的协同效应; Consliq × MP 代表流动性监管约束与货币政策的协同效应。

(4) 检验双重监管政策对流动性创造的合成效应影响。

$$Y_{it} = \alpha_0 + \alpha_1 Y_{it-1} + \alpha_2 MP_{it} + \alpha_3 Control_{it} + \alpha_4 Constcr_{it} \times Consliq_{it} + \mu_i + \varepsilon_{it} \tag{4-26}$$

其中, Constcr × Consliq 代表资本监管和流动性监管对流动性创造的合成效应。

最后, 检验监管约束下商业银行流动性创造异质性影响。

4.3.2 样本选择与数据说明

(1) 样本数据来源。

本书数据来源于 BankScope 数据库、中国国家统计局网站、道客巴巴、豆丁网、中国经济金融数据库、百度文库、中国债券信息网、各商业银行官网等网站公布的银行财务报告。选取2010—2017年BankScope数据库中大陆境内运营的中外资金融机构数据，为增强分析的准确性，确保最大量样本数，对数据作如下处理：①为保证分析样本的同质性，剔除中国人民银行、政策性银行、证券公司、财务集团公司、信托投资公司等机构；②数据库中缺失的财务数据从各银行网上公布的定期报告中弥补；③剔除时间跨度不足5年的银行；④对外资银行的数据，按当年年底的外汇牌价予以调整；⑤为消除物价的影响，将所有绝对值的财务数据均以2010年为基期，使用CPI平减指数进行调整；⑥所有的数据（除虚拟变量）均使用winsorized技术进行截尾处理。最后剩下178家银行，其中包括6家国有银行（含邮政储蓄银行）[①]、12家股份制商业银行、87家城市商业银行、41家农村商业银行（或农村合作银行）以及35家外资银行。

本章主要考察监管政策约束下货币政策对流动性创造的影响，不同的货币政策工具具有不同的效果，以及不同的监管政策和政策的合成效应影响也不同，因此，需要选取不同货币政策工具以及监管政策约束代理变量进行分析。

（2）货币政策工具选择。

①法定存款准备金率。法定存款准备金是央行常用的调控宏观流动性的货币政策工具。目前，央行曾多次调整法定存款准备金率，2010—2018年，我国共调整法定存款准备金率20余次，2010—2011年，我国的法定存款准备金率有较大的改变，上涨幅度较大，但是在2012年出现了大幅度的波动下降。目前，我国货币政策的中间目标变量是基本货币和货币供应量。法定存款准备金率对法定存款准备金和货币乘数具有良好的控制作用，因此可以看出法定存款准备金率是我国货币政策的主要工具。本章采用的是年平均法定存款准备金率。最近6次存款准备金调整详见表4-2。

① 与以往研究样本不同，本书国有银行中包含邮政储蓄银行。2019年2月11日，银保监会发布《银行业金融机构法人名单》，在机构类型中，中国邮政储蓄银行被列为国有大型商业银行，与工农中建交行同列。

表 4－2　　2016 年以来存款准备金调整一览表

机构类型	2016 年 3 月份（普降）（银发〔2016〕56 号）	2017 年 9 月 30 日新规		2018 年 4 月 17 日降准	2018 年 6 月 24 日降准	2018 年 10 月 7 日降准
中国农业发展银行	8.5%		8.5%	8.5%	8.5%	8.5%
中国工商银行、中国农业银行、中国银行、中国建设银行、交通银行	17.00%	正常标准	17.00%	16.00%	15.50%	14.50%
	16.65%（邮储直接确定为本档）	上年普惠金融领域的贷款增量占比 1.5%，或余额占比 1.5%；但未达到 10%	16.50%	15.50%	15.00%	14.00%
	15.50%	上年普惠金融领域的贷款增量占比达到 10%，或上年末余额占比例 10%	15.5%	14.50%	14.00%	13.00%
股份制商业银行、城市商业银行、非县域农村商业银行、外资银行	15.00%	正常标准	15.00%	14.00%	13.50%	12.50%
	14.50%	上年普惠金融领域的贷款增量占比 1.5%，或余额占比 1.5%；但未达到 10%	14.50%	13.50%	13.00%	12.00%
	13.50%	上年普惠金融领域的贷款增量占比达到 10%，或上年末余额占比例 10%	13.50%	12.50%	12.00%	11.00%
县域农村商业银行	12.00%	正常标准	12.00%	12.00%	12.00%	12.00%
	11.00%	符合一定存款比例用于当地政策	11.00%	11.00%	11.00%	11.00%
农村合作银行、农村信用社、村镇银行	9.00%	正常标准	9.00%	9.00%	9.00%	9.00%
	8.00%	符合一定存款比例用于当地政策	8.00%	8.00%	8.00%	8.00%
财务公司、金融租赁公司、汽车金融公司	7.00%	普降	7.00%	7.00%	7.00%	7.00%

②银行业 7 天同业拆借率（Ibr7）。实际上，银行业 7 天同业拆借是指 7 天期限的资金同业拆借，而加权平均利率是指以实际贷款金额为权重的平均利率。从图 4 - 1 中可以看出，我国银行间加权利率（7 天）较为活跃，2013 年达到峰值。

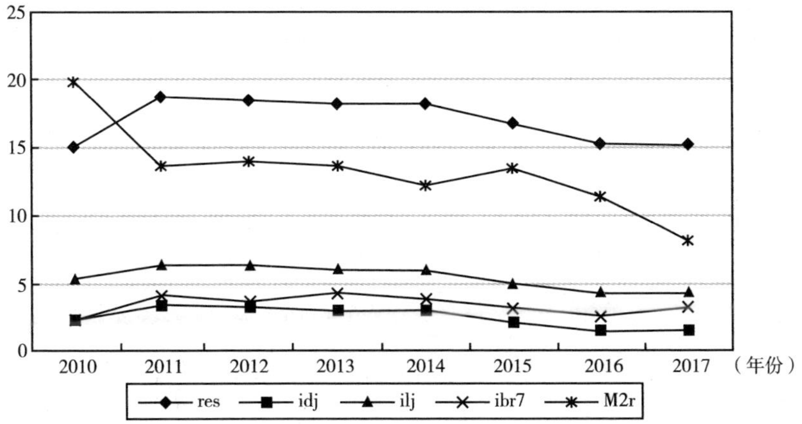

图 4 - 1　五种货币政策工具走势

③广义货币供给年增长率（M2r）。作为重要的货币政策工具之一，广义货币年增长率（M2r）是狭义货币和准货币的总和。从图 4 - 1 中可以看出，我国广义货币供应量年均增速总体呈下降趋势。

另选取 1 年期的平均贷款利率与存款利率作为货币政策工具的利率代理指标，两指标均依照调整前后时间长度为权重计算。

（3）流动性监管约束指标选择。

①净稳定资金比例。根据前面构建的净稳定资金比例指标说明，测算我国商业银行 2010—2017 年净稳定资金比例指标。

②存贷比。存贷比长期作为监测我国银行流动性风险的指标仍具有一定的重要性。存贷比的定义是商业银行总贷款余额与总存款余额的比率，银监会规定其不得高于 75%。存贷比指标将作为流动性约束的替换指标进行稳健性检验。

（4）控制变量的选取。

本书选取银行规模、平均资产收益率、不良贷款率以及净息差指标作为银行特征控制变量；经济增长速度反映了宏观经济环境，外部经济的好坏直接影响商业银行的流动性创造。通货膨胀率是指货币的超额发行部分与反映通货膨胀和货币贬值程度所实际需要的货币量之比。通货膨胀是一种货币现象，它与通货膨胀和物价有一定的联系，因此，选取 GDP 增长率、居民消费价格指数作为宏观经济变量代理指标（见表 4－3）。

表 4－3　主要变量选取一览表

变量名称	变量含义	单位	计算方法
Constcr	资本监管压力	—	(tcr－a)×100，tcr 为实际资本充足率，a 为其监管要求①
Consrdl	存贷比监管压力	—	rdl×100－75，rdl 为实际存贷比
Consliq	流动性监管压力	—	liq×100－100，liq 为实际净稳定资金比例，100 为其监管要求
idj	存款基准利率	%	1 年期存款基准利率，月度加权平均
ilj	贷款基准利率	%	1 年期贷款基准利率，月度加权平均
res	法定存款准备金率	%	央行规定
Ibr7	银行同业拆借利率	%	上海银行间市场 7 天同业拆借利率
M2r	广义货币供给增速	%	M_2增长额/上年 M_2总额×100
lnglai	银行规模	—	表内外总资产的自然对数
roaa	平均资产收益率	%	净利润/平均资产总额×100
nplr	不良贷款率	%	不良贷款额/各项贷款×100
nimr	净息差	%	净利息收入/生息资产平均余额×100
GDPr	GDP 增长率	%	GDP 增长额/上年 GDP 总额×100
CPI	居民消费价格指数	%	国家统计局公布的年居民消费价格指数

注：①2013 年前仅存在最低资本充足率 8%。2013 年起根据《商业银行资本管理办法（试行）》规定，最低资本充足率要求为 8%、储备资本充足率要求为 2.5% 和逆周期资本充足率要求为 0—2.5%。根据《关于国内系统重要性银行划分标准（征求意见稿）》，将 5 家国有银行认定为系统重要性银行，还要求附加资本充足率 1%。因此，2013 年后，对于国有银行监管要求为 11.5%，其他银行为 10.5%。

4.3.3　描述性统计分析

本章的研究样本来源于 2010—2017 年 Bankscope 数据库，其他数据来源于中国经济统计网和中国人民银行网站。根据前述样本处理程度，本章共得到样本总量为 178 家银行。

表 4 –4 显示本章主要变量的描述性统计结果。从全样本中来看，单位资产的流动性创造值为 0. 161，说明我国银行每 1 元资产可以创造 0. 161 元的流动性。总体不良贷款率为 1. 137%，资产收益率为 0. 935%，净息差达到 2. 668%。存贷比均为超过 75% 的红线，资本充足率平均高于要求 9. 11%，净资金稳定比例达到 153. 03%。

从各银行类型来看，国有银行的单位资产流动性创造能力最强为 0. 226；农村商业银行的流动性创造能力最弱为 0. 143，且其不良贷款率最高为 1. 515%；城市商业银行的存贷比压力最小，离 75% 的监管红线相差 14. 84 个百分点；而股份制银行的存贷比压力最大，仅相差 0. 82 个百分点，同时其资本压力以及净稳定资金比例的压力也是所有银行类型中最大的；而外资银行的不良率最低为 0. 692%，净稳定资金比例最高，达到 172. 99%。

表 4 –4　　主要变量描述性统计

变量	样本	均值	标准差	最小值	最大值
lnglai	680	7. 429	1. 848	2. 119	12. 42
nplr	680	1. 137	0. 978	0	7. 210
roaa	680	0. 935	0. 467	–0. 0330	2. 334
nimr	680	2. 668	1. 064	0. 480	5. 905
GDPr	680	7. 950	1. 307	6. 690	10. 60
CPI	680	111. 1	5. 940	100	119. 0
lc_gla	680	0. 161	0. 141	–0. 643	0. 958
res	680	16. 91	1. 585	14. 84	20. 66
idj	680	2. 489	0. 690	1. 500	3. 276
ilj	680	5. 450	0. 765	4. 350	6. 336
Ibr7	680	3. 322	0. 655	2. 204	4. 181
M2r	680	13. 21	3. 045	8. 100	19. 73
Constcr	680	9. 111	21. 46	–3. 600	282. 5
Consliq	680	53. 03	41. 32	–21. 68	445. 4
Consldr	680	–9. 73	15. 56	–47. 7	56. 79

续表

变量	样本	均值	标准差	最小值	最大值
国有大型银行					
lnglai	40	11.84	0.415	10.78	12.42
nplr	40	1.329	0.373	0.847	2.389
roaa	40	1.178	0.166	0.811	1.475
nimr	40	2.698	0.407	1.627	3.448
lc_gla	40	0.226	0.0498	-0.0209	0.279
Constcr	40	3.373	1.558	0.360	6.490
Consliq	40	35.47	13.58	0.429	59.95
Consldr	40	-4.26	8.67	-19.23	17.879
股份制商业银行					
lnglai	72	10.05	0.858	7.814	11.08
nplr	72	1.070	0.516	0.110	2.140
roaa	72	0.986	0.226	0.407	1.460
nimr	72	2.508	0.488	1.296	3.593
lc_gla	72	0.187	0.0968	-0.0753	0.351
Constcr	72	2.039	1.688	-1.500	7.440
Consliq	72	25.82	18.69	-11.58	58.47
Consldr	72	-0.82	9.38	-20.94	31.54
城市商业银行					
lnglai	280	7.119	0.871	5.291	10.01
nplr	280	1.351	1.165	0	7.210
roaa	280	1.062	0.451	0.0510	2.334
nimr	280	3.062	1.247	0.480	5.905
lc_gla	280	0.159	0.111	-0.124	0.390
Constcr	280	3.657	3.277	-3.600	32.35
Consliq	280	49.12	26.79	-17.19	146.7
Consldr	280	-14.84	11.87	-47.7	19.49

续表

变量	样本	均值	标准差	最小值	最大值
农村商业银行					
lnglai	80	7.252	1.100	2.119	8.974
nplr	80	1.515	0.895	0.480	7.210
roaa	80	1.239	0.342	0.193	1.975
nimr	80	3.152	0.878	0.480	5.905
lc_gla	80	0.143	0.0947	-0.123	0.426
Constcr	80	4.020	1.918	1.140	8.940
Consliq	80	48.12	20.83	2.967	109.7
Consldr	80	-12.39	7.65	-27.68	15.09
外资银行					
lnglai	208	6.157	1.232	2.882	8.697
nplr	208	0.692	0.749	0	3.790
roaa	208	0.584	0.426	-0.0330	2.334
nimr	208	2.001	0.675	0.480	3.825
lc_gla	208	0.149	0.200	-0.643	0.958
Constcr	208	21.96	35.40	0.100	282.5
Consliq	208	72.99	59.70	-21.68	445.4
Consldr	208	-5.98	21.28	-47.7	56.79

4.4 实证结果与分析

4.4.1 银行流动性创造测算结果分析

表4-5、表4-6列出了中国各类商业银行及各年单位资产流动性创造的基本情况。从时间趋势上来看，商业银行流动性创造逐渐下降，2017年有所回升。从各类型商业银行流动性创造来看，国有银行最高，均值为0.2034；股份制银行次之，均值为0.1736，外资银行最小，均值为0.1226。除国有大型及农村商业银行逐年下降外，其他银行均在2017

年有所改善（见图4－2）。

表4－5　　2010—2017年单位资产流动性创造情况

年份	均值	标准差	最小值	最大值
2010	0.2455	0.1420	－0.3066	0.9585
2011	0.2157	0.1543	－0.2174	1.2529
2012	0.1840	0.1220	－0.3938	0.6936
2013	0.1649	0.1294	－0.6104	0.6663
2014	0.1333	0.1355	－0.6192	0.5457
2015	0.1022	0.1364	－0.6129	0.5111
2016	0.0729	0.1350	－0.5864	0.3132
2017	0.0854	0.1386	－0.6430	0.6665
全样本	0.1385	0.1463	－0.6430	1.2529

表4－6　　分银行类型单位资产流动性创造情况

银行类型	均值	标准差	最小值	最大值
国有大型银行	0.2034	0.0749	－0.0209	0.2791
股份制商业银行	0.1736	0.0986	－0.0753	0.3513
城市商业银行	0.1310	0.1250	－0.3471	1.2529
农村商业银行	0.1469	0.0996	－0.1229	0.4272
外资银行	0.1226	0.2275	－0.6430	0.9585

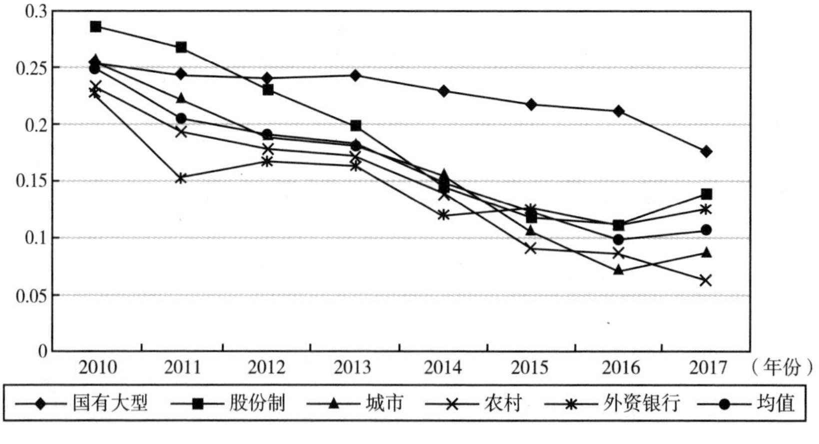

图4－2　流动性创造趋势

4.4.2 流动性监管指标测算结果分析

本章将净稳定资金比例指标作为流动性监管指标的代理指标进行测算。从总体样本测算的净稳定资金比例结果来看，总体水平为153.03%，达到了100%的监管要求，中长期流动性风险较小。其中，国有大型银行为135.47%，股份制银行125.82%，城市商业银行149.12%，农村商业银行148.12%，外资银行172.99%。从2010—2017年趋势（见图4-3）来看，有逐年下降的趋势，但总体均高于100%，2012年最大为169.15%，2017年最小为132.34%。股份制银行在各类银行中比例较低，且在2017年的净稳定资金比例为99.13%，靠近监管线，中长期的流动性风险较大。

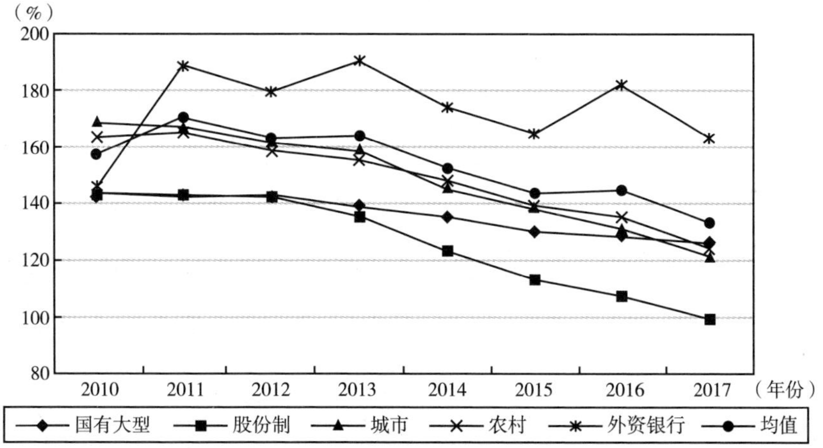

图4-3 净稳定资金比例趋势

4.4.3 回归结果分析

（1）货币政策对流动性创造影响分析。

选取不同货币工具对流动性创造进行回归，为了便于说明，将货币供应量增长率的负值进行回归估计，通过系统GMM估计方法得出，存款准备金率、一年期存款基准利率、一年期贷款基准利率、七天同业拆借利率等与流动性创造之间呈显著的负相关，货币供应量增长率与流动性创造之间呈正相关，但不显著，说明紧缩（宽松）的货币政策会降低（提升）银行流动性创造。

控制变量方面，从宏观环境来说，经济向好的宏观经济环境会增加银行流动性创造；从银行特征方面来看，银行规模与流动性创造呈不显著负相关关系，银行规模越大，单位资产流动性创造越小；不良贷款率与流动性创造呈显著的负相关关系，表明不良贷款率越高流动性创造能力越低；资产收益率与流动性创造呈负相关关系，可能的原因是：参与同业业务较高、同业业务资产收益率高提高了整体资产收益率，然而，同业业务会在一定程度上降低流动性创造，使资金在金融体系内空转，从而降低实体经济的支持力度；净息差与流动性创造呈正相关关系，净息差越大，银行投放信贷资金的动机越强，流动性创造也就越多（见表4－7）。

表4－7　　不同货币政策工具对流动性创造影响回归结果

变量	①	②	③	④	⑤
	存款准备金率	一年期存款基准利率	一年期贷款基准利率	七天同业拆借利率	货币供应量增长率
L. lc_gla	0.791*** (8.96)	0.778*** (9.26)	0.779*** (9.28)	0.803*** (10.32)	0.754*** (9.18)
L2. lc_gla	－0.0889** (－2.59)	－0.0759* (－2.13)	－0.0712* (－1.97)	－0.0836* (－2.48)	－0.0340 (－0.88)
lnglai	－0.00992 (－0.72)	－0.0129 (－0.97)	－0.0132 (－1.00)	－0.00588 (－0.46)	－0.0120 (－0.91)
nplr	－0.0100* (－2.40)	－0.0111** (－2.74)	－0.0113** (－2.78)	－0.00703 (－1.64)	－0.00821* (－2.21)
roaa	－0.0299** (－2.90)	－0.0257* (－2.43)	－0.0246* (－2.32)	－0.0327*** (－3.30)	－0.0273** (－2.66)
nimr	0.0207** (3.01)	0.0223** (3.27)	0.0225*** (3.31)	0.0181** (2.64)	0.0199** (2.88)
GDPr	0.0587*** (4.95)	0.0646*** (5.23)	0.0665*** (5.28)	0.0827*** (4.48)	0.0588*** (4.17)

续表

变量	①	②	③	④	⑤
	存款准备金率	一年期存款基准利率	一年期贷款基准利率	七天同业拆借利率	货币供应量增长率
CPI	0.00427* (2.11)	0.00488* (2.38)	0.00512* (2.50)	0.00772*** (3.86)	0.00770** (3.16)
res	-0.00851* (-2.31)				
idj		-0.0203* (-2.56)			
ilj			-0.0192** (-2.60)		
Ibr7				-0.0158* (-2.07)	
M2r					0.000974 (0.45)
_cons	-0.673* (-2.22)	-0.864** (-2.97)	-0.851** (-2.88)	-1.360*** (-3.89)	-1.214** (-2.94)
N	510	510	510	510	510
Sargan	0.4419	0.5633	0.5967	0.4086	0.5066

注：*、**、***分别表示在10%、5%和1%的水平上显著。

（2）监管约束下货币政策对流动性创造的影响分析。

从监管约束对流动性创造影响来看，资本监管和流动性监管对流动性创造呈负相关关系，资本的充足性以及流动性的充裕均会造成流动性创造的减损，即外部监管约束会制约流动性创造，货币政策弱化。从单一约束下看货币政策对流动性创造的影响可以发现，在资本监管或流动性监管约束下，会强化紧缩的货币政策对流动性创造的减少效果；在双重约束下，紧缩的货币政策使商业银行流动性创造下降，监管约束会加速银行流动性创造的减少，货币政策效果强化。从两个监管政策的合成效应来看，两个监管政策约束的同时实施会弱化货币政策效果（见表4-8）。

表 4－8　不同监管约束下货币政策对流动性创造影响回归结果

变量	①	②	③	④	⑤
	监管政策	资本监管约束下	流动性监管约束下	两重监管约束下	监管政策合成效应
L. lc_gla	0.00204 * (2.30)	0.00212 ** (2.85)	0.00154 * (2.04)	0.00203 * (2.42)	0.00207 ** (2.85)
res	−39.59 *** (−3.44)	−37.44 ** (−3.25)	−39.46 *** (−3.69)	−37.59 ** (−3.26)	−32.93 ** (−2.90)
lnglai	50.34 * (2.36)	47.08 ** (2.61)	79.47 *** (5.08)	47.51 * (2.30)	80.33 *** (5.32)
nplr	−18.48 (−1.91)	−20.43 * (−2.10)	−14.42 (−1.46)	−19.00 * (−1.97)	−18.24 (−1.89)
roaa	−113.4 *** (−3.64)	−105.0 *** (−4.43)	−126.0 *** (−4.13)	−110.4 *** (−3.54)	−141.9 *** (−5.82)
nimr	−21.27 ** (−2.73)	−27.26 *** (−3.67)	−19.10 * (−2.50)	−21.84 ** (−2.85)	−27.39 *** (−3.70)
GDPr	75.76 ** (2.75)	72.29 ** (2.64)	97.49 *** (3.48)	75.26 ** (2.75)	85.87 ** (3.14)
CPI	−17.25 *** (−4.29)	−16.75 *** (−4.30)	−15.78 *** (−3.66)	−17.64 *** (−4.42)	−14.06 *** (−3.83)
Constcr	−3.904 ** (−2.71)				
Consliq	−0.627 (−1.84)				
Constcr_res		−0.331 *** (−4.41)		−0.281 ** (−3.19)	
Consliq_res			−0.0452 * (−2.02)	−0.0323 * (−1.71)	
Constcr_consliq					−0.00913 *** (−3.41)
_cons	1902.5 ** (2.70)	1849.9 ** (2.85)	1334.9 * (1.97)	1939.6 ** (2.81)	1109.0 * (1.96)
N	510	510	510	510	510
sargan	0.1836	0.2054	0.0696	0.2007	0.1259

注：*、**、*** 分别表示在 10%、5% 和 1% 的水平上显著。

（3）异质性分析。

表4-9显示不同属性银行具有异质性估计结果。第一，资本监管约束与货币政策协同效应来看，仅有城市商业银行不显著，从国有大型银行、农村商业银行以及外资银行的资本监管约束会强化紧缩货币政策对流动性创造减少的效果，而股份制银行的资本监管约束会弱化紧缩货币政策对流动性创造减少的效果。主要原因是股份制银行的资本补充较易，资本监管约束越强，股份制银行越倾向于减少高风险资产以及开展同业业务低风险资产，从而绕开资本监管。

第二，流动性监管对于国有大型银行和城市商业银行有显著的影响，其余银行并不显著。流动性监管约束对于城市商业银行会强化货币政策效果，然而其他银行均反映出弱化货币政策效果（见表4-9）。

表4-9　不同属性银行监管约束下货币政策对流动性创造影响回归结果

变量	①	②	③	④	⑤
	国有大型银行	股份制银行	城市商业银行	农村商业银行	外资银行
L. lc_gla	15.07* (2.13)	-6.707* (-2.11)	-1.213* (-2.05)	-0.160*** (-3.31)	-1.554* (-2.56)
lnglai	0.634* (2.24)	0.00101 (0.07)	-0.0114* (-2.44)	0.0526*** (4.92)	-0.0386 (-1.68)
nplr	-0.449* (-2.13)	-0.194* (-2.31)	-0.0415 (-1.87)	-0.0117 (-0.72)	-0.0604** (-2.75)
roaa	4.054* (2.13)	-0.668* (-2.57)	-0.0769* (-2.11)	-0.208*** (-3.52)	-0.153*** (-6.47)
nimr	-1.869* (-2.09)	-0.0602 (-0.94)	0.0385*** (4.58)	0.00960 (0.32)	0.0765*** (5.32)
Constcr_res	-0.0121* (-2.07)	0.000709* (1.91)	0.0001000 (1.31)	-0.000253*** (-4.58)	-0.000402*** (-4.97)
Consliq_res	0.00229* (2.06)	0.00000649 (0.35)	-0.0000874* (-1.70)	0.0000114 (0.60)	0.0000101 (0.25)
_cons	-9.921* (-2.17)	1.911* (2.00)	0.513* (2.09)	0.000425 (0.01)	0.751** (2.86)
N	40	48	176	64	168
sargan	0.5483	0.3467	0.4753	0.6489	0.3285

注：*、**、*** 分别表示在10%、5%和1%的水平上显著。

4.4.4 稳健性检验

特别说明，由于存贷比指标是反向指标，小于等于75%，而净稳定资金比为正向指标，需大于或等于100%，虽存贷比指标系数与净稳定资金比系数相反，即与原模型结论一致（见表4-10）。

表4-10 监管约束下货币政策对流动性创造的影响回归结果

变量	① 监管政策	② 资本监管约束下	③ 流动性监管约束下	④ 两重监管约束下	⑤ 监管政策合成效应
L. lc_gla	-0.000717 (-0.62)	0.00212** (2.85)	-0.000660 (-0.56)	-0.000954 (-0.84)	0.000251 (0.24)
res	-37.80* (-2.45)	-37.44** (-3.25)	-30.32* (-2.08)	-31.70* (-2.05)	-20.75 (-1.64)
lnglai	94.07*** (5.15)	47.08** (2.61)	107.9*** (8.13)	92.62*** (5.03)	78.45*** (5.47)
nplr	-17.29 (-1.28)	-20.43* (-2.10)	-16.17 (-1.21)	-18.54 (-1.40)	-17.30 (-1.75)
roaa	-37.47 (-0.88)	-105.0*** (-4.43)	-19.26 (-0.41)	-35.23 (-0.81)	-111.0*** (-3.95)
nimr	-20.01 (-1.00)	-27.26*** (-3.67)	-25.01 (-1.21)	-16.82 (-0.83)	1.140 (0.08)
GDPr	23.40 (0.75)	72.29** (2.64)	26.80 (0.83)	26.85 (0.83)	64.75** (2.60)
CPI	-25.32*** (-4.86)	-16.75*** (-4.30)	-24.58*** (-5.42)	-24.77*** (-4.59)	-8.914* (-2.44)
Constcr	-2.760 (-1.50)				
Consldr	8.867*** (8.22)				
Constcr_res		-0.331*** (-4.41)		-0.190 (-1.65)	
Consldr_res			0.516*** (7.91)	0.520*** (7.73)	

续表

变量	①	②	③	④	⑤
	监管政策	资本监管约束下	流动性监管约束下	两重监管约束下	监管政策合成效应
Constcr_Consldr					0.144*** (3.71)
_cons	2842.3** (3.26)	1849.9** (2.85)	2475.9*** (3.60)	2657.4** (2.97)	416.8 (0.74)
N	510	510	510	510	510
sargan	0.2619	0.2054	0.3118	0.3364	0.7915

注：*、**、*** 分别表示在10%、5%和1%的水平上显著。

4.5 本章小结

本章采用中国银行业2010—2017年178家商业银行的非平衡面板数据，在双重监管视角下考察货币政策对流动性创造的影响。首先，通过构建以法定存款准备金为主的货币政策工具对流动性创造影响机理的模型分析不同货币政策下、单一监管约束下以及两重监管约束下货币政策对流动性创造影响机理以及两者的合成效应对流动性创造带来怎样的影响。通过构建净稳定资金比例指标作为流动性监管指标的代理指标，利用GMM估计方法对面板数据模型进行估计，在双重监管约束下的货币政策对流动性创造影响效应进行研究。最后，针对不同的银行类型进行异质性影响研究。

本章分析结果表明：(1) 货币政策对银行流动性创造存在显著的影响，紧缩性货币政策有效抑制了流动性创造。总体来说，紧缩的货币政策会降低银行流动性创造。从监管约束对流动性创造影响来看，金融监管约束会制约流动性创造，货币政策弱化。(2) 资本监管约束以及流动性监管约束均对货币政策影响流动性创造产生偏效应。在资本监管或流动性监管单一约束下，会强化紧缩的货币政策对流动性创造的减少效果；在双重约束下，监管约束会加速银行流动性创造的减少，货币政策效果强化。(3) 资本监管和流动性监管对货币政策影响效果具有合成效应。从两个监管政策的合成效应来看，两个监管政策约束的同时实施会弱化货币政策效果。不同所有制性质商业银行的实证结果表现出显著的异质性。国有大型银行、农村商业银行以及外资银行的资本监管约束会强化紧缩货币政策对流动性创造减少的效果，而股份制银行的资本监管约束会弱化紧缩货币政策对流动性创造减少的效果。

值得注意的是，本章为改进当前大多样本银行的流动性覆盖率指标不可得性，通过测算净稳定资金比例作为新流动性监管指标之一进行考察流动性监管对银行流动性创造的影响研究。与前述学者得出并未发现流动性覆盖率监管影响流动性创造的证据结论不同，得出流动性监管对银行流动性创造有显著的负向影响。可能的原因如下：一是本章探讨双重监管约束下货币政策对流动性创造影响机制是通过在商业银行利润函数中构建双重监管约束下以存款准备金率为主的货币政策传导机制；二是本章构建了净资金稳定比例指标作为流动性监管指标的代理指标，解决了当前没有可用的新监管指标数据的困境。

5 成本效率中介作用下银行竞争对流动性创造的影响分析

目前，银行体系作为我国金融体系的主导部分，其效率问题一直是经济学的重要问题之一，提高银行效率也是我国金融改革发展中明确的政策目标。然而，成本效率是银行效率研究的基础，对其研究具有重要的价值（迟国泰等，2005）[144]，而流动性问题是2008年全球金融危机后金融机构凸显的问题，在后金融危机时代，研究成本效率与流动性创造问题显得尤为必要。

当前，国内外宏观经济环境复杂多变，在此严峻的全球金融经济形势下，伴随我国金融改革步伐不断加快，经济全球化和金融自由化加速前进、利率市场化进程不断深入，外资银行市场准入不断放宽，互联网金融异军突起，我国商业银行面临前所未有的冲击和挑战，银行业市场竞争状况愈演愈烈。有学者研究表明竞争虽会给消费者带来福利效应，但对银行流动性创造可能造成破坏效应（Jiang et al.，2016）[145]，对经济、金融稳定产生不利影响（Beck et al.，2013）[146]。当前利率市场化改革初步完成，金融科技加速发展，“金融脱媒”现象突出，客户流失加剧，银行贷款竞争白热化（刘莉亚等，2017）[147]。

因此，在经济“新常态”形势下，如何在竞争加剧的环境中保持较高的流动性供给，积极践行金融更好地服务实体经济的要求，助力实体经济蓬勃发展是当前银行业改革亟待解决的课题。因此，我们不禁要问：成本效率提高能否增强银行流动性创造能力？银行成本效率是否构成了竞争与流动性创造之间的一种中介呢？其中介效应如何？成本效率能否有效抵御竞争带来的不利影响？银行异质性特征又怎样？明确上述问题对探索拓展银行业流动性创造水平的一种机制和渠道，提升金融服务实体经济能力，具有重要的现实意义。

5.1 成本效率在银行竞争对流动性创造影响的中介作用机制分析

5.1.1 竞争与效率相关假说

学者对竞争与效率关系研究比较多，大多学者对理论研究得出“竞争—效率”关系成立，其认为，根据“平静生活假说”，在竞争不激烈的环境下，银行获得较多的垄断租金，其经营动力不足，效率比较低。伴随竞争度的提升，“鲶鱼效应”作用产生，在一定程度上能促进银行专业化经营水平，从而提升其效率。陈晓卫（2012）[148]研究发现银行竞争和效率之间存在内生关系，两者相互促进。郭威（2013）[149]通过构建 PR 和 DEA 两个不同的模型对竞争与效率进行研究，结果发现，我国银行业集中度与竞争存在负相关关系，而成本效率与竞争程度存在正相关关系。

有部分学者研究支持“竞争—非效率”假说，他们认为，“银行特质理论”表明，由于银行业本身的特性，如维持其稳定性，则须获取一定的“垄断租金”，而市场竞争度的提高会对银行的收益和稳定性产生较大的影响，而且还会加重信息不对称问题，会降低银行的效率（Maudos and Guevara，2007；Pruteanu - Podpiera et al.，2008；Aiello and Bonanno，2016）[150-152]。申创和赵胜民（2017）[141]以 Boone 指数度量市场竞争度，发现市场竞争度和银行效率之间显著负相关。“竞争与效率不相关”理论的支持者则认为市场竞争度与银行效率不相关。

另外，Koetter 和 Spierdijk（2012）[153]研究认为银行市场竞争度对利润效率与市场竞争度对成本效率的影响不同。程茂勇和赵红（2011）[154]研究发现市场势力与银行成本效率显著负相关。黄隽和汤珂（2008）[155]对1996—2005 年韩国、中国银行业数据研究发现，不同地区银行业竞争与效率之间的关系不同。余晶晶等（2019）[156]构建了货币政策环境下利用竞争与资本监管来优化商业银行效率的机制，研究表明，银行的市场竞争程度与资本监管水平能提高商业银行效率或控制银行风险，但风险承担水平不同的银行因货币政策的不同而具有异质性。张大永和张志伟（2019）[157]对我国区域性商业银行竞争与效率之间做了进一步探索，发现两者存在非线性关系。

5.1.2 “成本效率—流动性创造”假说

银行效率是指银行在业务活动中实现最优投入或者产出组合的能力，可反映银行管理能力、技术水平、成本控制和资源配置能力等方面的特征。如果以最低成本投入产生一定水平的产出，则可提高其成本效率。例如，商业银行可通过规模扩张，使其获取规模经济或范围经济；可以通过引进及研发新技术来降低其成本投入；可以通过最小化信息不对称，促使成本最小化；再或者可以通过长期的合作关系降低维护客户的维护成本；等等。一切降本增效的措施和途径都将会通过成本效率水平体现出来。

有学者研究表明发现，信息不对称减少可以提高流动性创造水平。银行并购活动减少了信息不对称并导致流动性增加（Panetta et al.，2009）[82]。Berger 和 Bouwman（2009）[15]也支持这一观点，他们证明了银行并购（M&As）占了整个行业的流动性，并产生了流动性创造高速增长。此外，通过采用一种新的压力测试情景下的 PVAR 方法，分析了银行潜在有效并购重组活动影响成本效率从而对流动性创造产生影响，发现提高银行的成本效率水平会增加其流动性创造，并首次提出了“成本效率—流动性创造”假说，并得出成本效率与流动性创造呈正相关关系。然而，其实证检验仅限对欧盟经济体区域，并表示其研究应将拓展至新兴经济体。因此，有必要考察并验证我国银行业“成本效率—流动性创造”假说的存在性。

5.2 成本效率中介作用下银行竞争对流动性创造影响的研究假设

以往文献的探索对竞争、成本效率与流动性创造研究有着非常重要的借鉴意义，但还有很多问题值得我们深入挖掘。首先是没有将中介变量对竞争与流动性创造的中介效应作为主要研究问题，仅考虑的是某些因素的影响，且这些因素的中介作用都只是从一个侧面或者局部揭示了竞争影响流动性创造的机理，并不能反映竞争影响流动性创造的全貌。因此，在研究竞争是如何对银行流动性创造的最终目标产生作用，需要探索能够全面地反映竞争的作用同时具有理论和实践含义的中介变量。

根据前述文献简单梳理后可以将三者的关系归纳如下：竞争与流动性创造没有明确结论；竞争与效率关系也是不确定的，而且竞争和流动性创造与竞争和效率在实证研究中都存在多种关系，正向、负向、倒“U”形曲线甚至没有关系。目前有文献支持成本效率与流动性创造是正向关系，就此认为竞争与成本效率的不确定关系，导致了竞争与流动性创造关系的不确定，即竞争通过作用于成本效率进行影响银行流动性创造，由此推断成本效率在竞争与流动性创造之间发挥中介作用。

同时我们注意到，效率其实是研究两者之间关系的重要纽带，许多学者也将其作为重要渠道去研究当前经济社会问题。例如，Schaeck 等 (2013)[158]采用了能够反映成本变化弹性的 boone 指标对银行竞争度对稳定性的研究得出竞争度通过效率影响银行稳定性，证实了竞争通过效率影响稳定的作用机制；赵旭 (2011)[159]通过对中国商业银行 1998—2007 年的市场势力与效率之间的关系及其福利效应进行了初步研究；刘莉亚等 (2017)[147]研究表明竞争对于信贷结构调整具有“双刃剑”的作用，竞争通过银行贷款利率弹性来改变信贷结构，促使银行改变信贷资源配置，从而改变银行效率，然而信贷结构的不同会直接影响流动性创造水平。这些研究思路和结论让我们捕捉到成本效率作为银行竞争度与流动性创造的中介变量的可行性。

成本效率是投入产出综合评价指标，一切降本增效的途径均将提高银行的成本效率。在竞争如何影响流动性创造的理论和实证研究中，本书认为竞争导致的后果如果会影响到成本效率，那么终将会通过成本效率中介变量作用于流动性创造。因此，我们有理由相信，竞争通过影响成本效率从而影响银行流动性创造。据此，本书提出假设 H5 -1。

假设 H5 -1：成本效率是竞争影响银行流动性创造的中介变量，也即银行竞争通过影响成本效率从而对流动性创造产生影响。

根据银行效率理论，贷款是银行生产的主要产出之一，银行在贷款方面面临的主要问题是不良贷款的水平。然而，如果银行能够减少其信息不对称，就能提高筛选借款人的能力，从而减少不良贷款的水平。因此，它可以重新分配资源并增加贷款的比重，即增加非流动资产占比，从而增加流动性创造。然而，银行市场具有不完全竞争的结构，不完全竞争可能源于信贷活动中银行与借款人之间的信息不对称。因此，银行必须实施一些机制来解决由此产生的逆向选择和道德风险等问题。一种解决方法是由银行实施客户关系，即长期重复的关系，以获得关于借款人的一些信息，从而减少与信息不对称有关的问题。然而，银行业竞争的加剧可能会缩短客户关系的长度。银行业的这些特征可能因此会改变银行业竞争与效率之间的关系。这种假设将被称为“银行特有性”。

Diamond 和 Rajan（2001）[35]也指出竞争可能增加监测成本以及客户关系长度的潜在减少，进一步降低了银行的成本效率。“关系银行”理论指出，商业银行与企业维持长期的合作关系，这需要付出很大的成本。然而，竞争的加剧使企业能够更加便利地得到信贷支持，更换信贷银行的成本也降低，而初始合作银行难以收回当初建立合作的成本，因此增加了维护客户关系的成本，使成本效率降低。换言之，银行业的特殊性为竞争和成本效率之间的负关系提供了一些额外的论据。由此，银行业竞争阻碍了银行的成本效率从而对流动性创造可能产生破坏效应，为银行流动性创造的负面影响提供了另一种传导途径。众所周知，效率能有效缓解竞争压力，然而，提高成本效率能否有效缓解竞争对流动性的压力，也是我们需要关心的问题。因此本章将成本效率作为调节变量进行分析，提出如下假设 H5－2。

假设 H5－2：成本效率提高能够有效抑制竞争对流动性创造带来的负面影响。

由于银行既可以通过资产负债表的调整来创造流动性，也可以通过表外业务途径来进行流动性创造；既可以通过资产业务来创造流动性，也可以通过负债业务向市场提供流动性。大多学者研究竞争与流动性创造时也发现了银行特征的异质性。例如，周凡和齐天翔（2017）[80]研究表明竞争对资产负债表中资产方流动性创造的影响远大于对负债方的影响。目前，由于银行受到严格的信贷规模监管，为避开监管，银行有意图进行表外业务转移，竞争增大，受信贷规模限制影响，必然向表外业务发展，表外业务流动性创造也因此得以迅速发展。因此本书认为，相比负债业务来说，资产以及资产（含表外）流动性创造的影响更大。

商业银行间竞争日趋激烈，非利息业务成为各银行竞相争夺的重要业务领域（王勇等，2006）[160]，以促使银行加速战略转型。在银行战略转型过程中，净非利息业务收入作为银行新的利润增长点，一般将其占收入比作为评价银行转型成功与否的指标。Jiang 等（2019）[71]利用地理重力模型构建银行所面临竞争压力的时变指标考察竞争与流动性创造两者之间的关系，研究发现，监管引发的竞争减少了银行流动性创造，竞争对流动性的破坏效应在盈利能力较强的银行中得到缓解。申创和赵胜民（2017）[141]研究结果表明，在市场竞争调节下，银行非息业务与成本效率呈负面影响。因此，我们认为，在净非利息收入占比不同的银行中，成本效率在竞争对流动性创造的影响作用中表现不同。

假设 H5 - 3a：在资产（含表外）方的成本效率在竞争与流动性创造中发挥的作用大于负债方。

假设 H5 - 3b：在净非利息收入占比较小的银行中成本效率在竞争与流动性创造中发挥的作用大于占比较大的银行。

5.3 成本效率中介作用下银行竞争对流动性创造影响的假设检验

成本效率受多方因素影响，本书借助 Battese 和 Coelli（1995）[161]模型，在充分考虑各项因素的基础上进行实证研究，进一步分析我国商业银行成本效率对流动性创造的影响。

5.3.1 竞争指标测度

Lerner 指数（Berger et al.，2009）[113]和 H 统计量（Panzar and Rosse，1987）[162]是衡量银行竞争的主要指标。然而由于 H 统计量一般是用来分析整个银行业的竞争程度的宏观变量，而 Lerner 指数一般是基于产业组织理论来衡量竞争程度。因此，本书选用 Lerner 指数（勒纳指数）来作为银行竞争度的代理指标。

$$\ln TC_{it} = \alpha_0 + \alpha_q \ln y_{it} + \frac{1}{2}\alpha_{qq}(\ln y_{it})^2 + \sum_{k=1}^{3}\beta_{kt}\ln w_{k,it} + \sum_{k=1}^{3}\phi_{kt}\ln y_{it}\ln w_{k,it} + \sum_{k=1}^{3}\sum_{j=1}^{3}\psi_{kt}\ln w_{k,it}\ln w_{j,jt} + \varphi_x T + \frac{1}{2}\varphi_{xx}(T)^2 + \sum_{k=1}^{3}\gamma_{kt}(\ln w_{k,it})T + \eta_{qx}(\ln y_{it})T + \mu_i + v_{it} \quad (5-1)$$

$$MC_{it} = \frac{TC_{it}}{y_{it}}\left[\hat{\alpha}_q + \hat{\alpha}_{qq}(\ln y_{it}) + \sum_{k=1}^{3}\hat{\phi}_k \ln w_{k,it} + \hat{\eta}_{qx}T\right] \quad (5-2)$$

$$Lerner_{it} = (P_{it} - MC_{i,t})/P_{i,t} \quad (5-3)$$

式（5－1）中，TC 为银行总成本，用营业费用、利息支出和非利息指出之和来表示。y 为银行产出，用银行表内外资产总和表示。在传统的中介业务中，手续费收入正日益成为在银行争夺利息率时所能赚取收入的替代品，考虑到这一发展，本书将资产负债表外活动、信用承诺和衍生品总额加以考虑，通过将其作为附加产出，能完全捕获银行的产出组合。w_1、w_2 和 w_3 分别代表资金、人力、物质资本的价格。w_1 用利息支出与存款和短期资金总额的比率，w_2 用员工费用除以员工数量表示，由于人员数的不可得，参考徐传谌和齐树天（2007）[163]做法，用营业费用与资产总额的比率来测量，w_3 用非利息支出与固定资产的比值来测量。Trend 用时间趋势来衡量，表示技术变动，Trend 从 1～8 分别代表 2010—2017 年 8 个年份。μ 代表不随时间变化不可观测的个体异质性特征，ν 代表扰动项。

由于 Lerner 指数的测算关键需要测算出边际成本，选取似不相关回归估计方法对方程进行估计，代入式（5－2）中得出估计系数得出边际成本 MC 并代入式（5－3）得出 Lerner 指数，且勒纳指数在 0 和 1 之间。Lerner 指数越大说明银行市场势力越强，竞争越小；Lerner 指数越小说明银行市场势力越弱，竞争越强。

5.3.2 成本效率指标测度

（1）模型及估计方法选择。

为了较准确估计成本效率水平，本书选用面板随机前沿法（SFA）和多产出超越对数成本函数估计中国商业银行的成本效率。

最基本的 SFA 模型通过对误差项进行分解进而估计决策单元的技术无效率程度。20 世纪 90 年代，Battese 和 Coelli 对 SFA 基本模型进行改进，得到 SFA（BC1992）模型，使其可以处理非平衡面板数据。其后，Battese 和 Coelli 进一步发展改进模型，形成 SFA（BC1995）模型，这一模型能够测算样本及个体的效率水平，并能对效率影响因素对于个体效率差异的影响进行定量分析，即“一步法”估计，该模型把技术无效能表示为影响因素变量和随机因素变量的函数，得到的 Battese 和 Coelli（1995）[161]改进模型为：

$$Y_{it} = x_{it}\beta + (V_{it} - U_{it}), i = 1, \cdots, N, t = 1, \cdots, T \tag{5-4}$$

其中，V_{it}表示随机干扰项，服从独立的同一分布 $N(0,\sigma_v^2)$，且独立于 U_{it}，U_{it}服从在 0 处截断的正态分布 $N(0,\sigma_u^2)$。无效率模型可定义为 $U_{it} = Z_{it}\sigma + \varepsilon_{it}$，$\varepsilon_{it}$服从在 0 处截断的 $N(0,\sigma_u^2)$ 正半部分布。

此外，有学者研究表明，不考虑权益会导致规模偏差，而银行的效率可能被误算，即使它们在给定风险偏好的情况下表现最佳，权益资本比存款和其他负债更直接影响成本（Berger and Mester，1997）[164]，因此，本书将权益作为控制风险偏好差异的准固定输入。同时，为了控制技术水平的变化，加入了时间变量 T 以及二次项。

（2）模型的设定。

超越对数成本函数设定如下：

$$\begin{aligned}\ln TC_{it} = {} & \beta_0 + \sum_{l=1}^{4}\beta_{yl}\ln y_{it,l} + \sum_{s=1}^{3}\beta_{ws}\ln w_{it,s} + \frac{1}{2}\sum_{l=1}^{4}\sum_{m=1}^{4}\beta_{ylym}\ln y_{it,l}\ln y_{it,m} \\ & + \frac{1}{2}\sum_{s=1}^{3}\sum_{n=1}^{3}\beta_{wswn}\ln w_{it,s}\ln w_{it,n} + \frac{1}{2}\sum_{l=1}^{4}\sum_{s=1}^{3}\beta_{ylws}\ln y_{it,l}\ln w_{it,s} \\ & + \sum_{s=1}^{3}\beta_{ws2}\ln w_{it,s}\times T + \sum_{l=1}^{4}\beta_{yl2}\ln y_{it,l}\times T + \beta_E\ln E_{it} + \beta_t T \\ & + \frac{1}{2}\beta_{tt}T^2 + u_{it} + v_{it}\end{aligned} \tag{5-5}$$

超越对数成本函数有三个基本约束：投入品价格的齐次线性、成本耗尽性以及对称性。为满足规范性要求，对方程（5－5）施加如下约束：

$$\begin{aligned}& \sum_{s=1}^{3}\beta_{ws} = 1 \qquad \sum_{s=1}^{3}\beta_{wswn} = 0 \qquad \sum_{s=1}^{3}\beta_{ylws} = 0 \\ & \beta_{wswn} = \beta_{wnws} \qquad \beta_{ylym} = \beta_{ymyl} \qquad n = 1,2,3 \qquad l,m = 1,2,3,4\end{aligned} \tag{5-6}$$

对超越对数成本函数，通常作以下处理：一是消除异方差，满足标准齐次条件，具体做法是将成本和投入品价格都除以物质资本成本；二是标准化消除规模的异质性。因此，本书对模型（5－5）进行这两项处理后变为：

$$\begin{aligned}
\ln(TC_{it}/(z_{it}\times w_{it,3})) = {} & \beta_0 + \sum_{l=1}^{4}\beta_{yl}\ln(y_{it,l}/z_{it}) + \sum_{s=1}^{3}\beta_{ws}\ln(w_{it,s}/w_{it,3}) \\
& + \frac{1}{2}\sum_{l=1}^{4}\sum_{m=1}^{4}\beta_{ylys}\ln(y_{it,l}/z_{it})\ln(y_{it,m}/z_{it}) \\
& + \frac{1}{2}\sum_{s=1}^{2}\sum_{n=1}^{2}\beta_{wlws}\ln(w_{it,s}/w_{it,3})\ln(w_{it,n}/w_{it,3}) \\
& + \frac{1}{2}\sum_{l=1}^{4}\sum_{s=1}^{2}\beta_{ylws}\ln(y_{it,l}/z_{it})\ln(w_{it,s}/w_{it,3}) \\
& + \sum_{s=1}^{2}\beta_{ws2}\ln(w_{it,s}/w_{it,3})\times T + \sum_{l=1}^{4}\beta_{yl2}\ln(y_{it,l}/z_{it})\times T \\
& + \beta_E\ln(E_{it}/z_{it}) + \beta_t T + \frac{1}{2}\beta_{tt}T^2 + u_{it} + v_{it}
\end{aligned} \tag{5-7}$$

（3）投入产出指标的选取。

Bauer 等（1997）[165] 认为，存款具有投入和产出双重功能，因此，在中介法下，将存款既看作投入品也看作产出品来处理。银行战略转型步伐不断加快，中间业务及表外业务迅猛发展，在日益不断增长的非息收入当中，有很大一部分是通过争夺利息率而赚取的，考虑到这一发展，本书还将资产负债表外活动（OBS）、信用承诺和衍生品总额作为额外产出加以考虑①。考虑到不良贷款带来的偏效应，为了更加合理评价银行效率，本书采取净贷款额来代理贷款产出指标。因此，本书测算效率的投入指标包含三种，分别为物质资本、人力资本和资金资本；产出指标包含四种，分别为存款、有效贷款、表外项目、其他盈利资产。用利息费用与存款总额和

① OBS 活动，如证券化、贷款发放、衍生证券、备用信用证等，都在迅速扩大。因此，基于费用和其他非利息收入在总收入中所占的份额显著增加。通过将 OBS 活动作为附加产出，我们完全捕获了银行的产出组合，从而避免了成本效率（CE）与总收入之间的任何虚假关联。然而，我们确实对流动性创造（LC）变量其存在性进行了测试，并且确实我们没有发现 CE 和 LC 变量之间存在虚假相关性的证据。

短期资金的比率来测量投入的价格（w_1），用人事费用与资产总额的比率来测量投入的价格（w_2）①。物资资本投入价格（w_3），用佣金支出加上管理费用支出与固定资产的比值来测度。此外，本书指定权益作为控制风险偏好差异的准固定输入，风险偏好差异可能由管制、财务困境或信息不对称引起②，具体如表 5－1 所示。

表 5－1　变量含义与计算方法

变量名	含义	计算方法
TC	总成本	营业费用、总利息支出和非利息支出的总和
y	表内外资产余额	表内外资产余额
y_1	存款余额	各项存款余额
y_2	有效贷款余额	总贷款余额－不良贷款余额
y_3	表外业务余额	表外业务余额
y_4	其他盈利项目	总盈利资产余额－总贷款余额
w_1	资金资本	利息支出/（存款总额和短期资金）
w_2	人力资本	营业费用/总资产
w_3	物资资本	非利息支出/固定资产
T	时间虚拟变量	年度－2010
E	权益资本	所有者权益总额

5.3.3 假设检验模型构建

（1）“成本效率—流动性创造”假说检验模型构建。

2008 年的全球金融危机对银行流动性及稳定性造成较大影响，考虑到未来不利的经济状况，为了研究银行业流动性创造的稳健性，本书建立了一个压力环境，该压力环境将包括由于不利的宏观经济、金融和银行特定条件而导致银行可能面临的流动性短缺。换句话说，本书以三种不同的方

① 在计算（w2）中，由于员工数据不可用，我们使用总资产而不是员工数量来代替。我们的方法与其他几项研究（eg，Altunbas et al.，2000）是一致的。

② Berger 和 Mest 认为，不考虑权益会导致规模偏差，而银行的效率可能被误算，即使它们在给定风险偏好的情况下表现最佳。

式强调银行系统所受到的冲击：使用宏观经济冲击、金融冲击和银行冲击。使用国内生产总值（GDP）的实际增长率来解释宏观经济状况；广义货币供应量和七天同业拆借利率被用来解释金融困境，用不良贷款率来捕获样本中银行风险状况，这些变量将直接影响银行的流动性。此外，银行理论认为高效率是防止银行违约的主要前提，因此，本书将成本效率作为银行格外的特定冲击，研究其变化如何影响流动性创造。

借鉴 Baltas 等（2017）[23]做法，由于向量自回归（VAR）模型可以充分捕捉宏观经济和金融变量之间相互作用作为内生变量，为了检验银行业对各种不同冲击的影响，选取面板向量自回归（PVAR）方法，考察两者之间的因果关系。模型建立如下：

$$Z_{it+p} = \Gamma_i + \sum_{j=1}^{q} \phi_j Z_{it+p-j} + \varepsilon_{it+p} \tag{5-8}$$

其中，Γ_i 为常数向量，ϕ_j 是系数矩阵，ε_{it+p}是残差向量，p 表示预测时间范围。Z_{it+p-j}是内生变量，包括 GDP 增长率、广义货币供应量、七天同业拆借利率、不良贷款率水平、成本效率估计值和流动性创造水平。在模型中，本书主要关注考察流动性创造和成本效率变量的行为变化。因此，模型变化为如下形式：

$$LC_{it+p} = \gamma_{lc,i} + \phi_{lc} Z_{it+p-1} + \varepsilon_{lc,it+p} \tag{5-9}$$

其中，LC_{it+p} 表示流动性创造测度；$\varepsilon_{lc,it+p}$ 是白噪声；$\gamma_{lc,i}$ 是常数；Z_{it+p-1}是变量向量，包含流动性创造本身。

根据冲击对成本效率影响，方程形式如下：

$$CE_{it+p} = \gamma_{ce,i} + \phi_{ce} Z_{it+p-1} + \varepsilon_{ce,it+p} \tag{5-10}$$

其中，CE_{it+p}是银行成本效率估计值；$\varepsilon_{ce,it+p}$是白噪声；$\gamma_{ce,i}$是常数；Z_{it+p-1}是变量向量，包含成本效率本身。

（2）成本效率中介效应模型构建。

根据前面的机制分析，本书选取中介效应模型，检验成本效率渠道的存在性以及双重机制的效应。中介效应的检验方法大多采用传统的逐步检验法，鉴于基于 Bootstrap 法的结构方程模型对中介效应可以进行更准确的估计，其检验力高于逐步检验法和 Sobel 检验，因此，本书参照 Preacher 等（2007）[166]和 Hayes（2013）[167]提出的 Bootstrap 法进行中介效应检验。构建模型如下：

$$CE_{it}=\beta_0+\beta_1 Lerner_{it}+\varphi_{it}X_{it}+\mu_{1t}+\nu_{it} \tag{5-11}$$

$$LC_{it}=\gamma_0+\gamma_1 CE_{it}+\gamma_2 Lerner_{it}+\omega_{it}X_{it}+\mu_{2t}+e_{it} \tag{5-12}$$

其中，LC 为银行流动性创造；Lerner 为勒纳指数，是竞争度的代理指标；CE 为成本效率；X 为控制变量；μ 具有个体不可观测的异质性特征 ν、e 为误差项。根据结构方程模型的 Bootstrap 中介检验程序方法，不须建立在竞争与流动性创造系数显著的基础上，只须检验系数乘积的显著性（Zhao et al.，2010）[168]，即检验 γ_3 是否显著，显著则中介成立，不显著则中介不成立。然后再进一步看 γ_2 是否显著，显著则为部分中介成立，不显著则为唯一中介。部分中介中再看系数的正负符号确定为互补的中介还是竞争的中介。

进一步考虑成本效率作为调节变量作用，本书建立如下模型：

$$LC_{it}=\eta_0+\eta_1 CE_{it}+\eta_2 Lerner_{it}+\eta_3 CE_{it}\times Lerner_{it}+\omega_{it}X_{it}+\mu_{2t}+e_{it} \tag{5-13}$$

（3）银行特征异质性。

为了分析在不同银行特征下成本效率在竞争与流动性创造影响机制中的作用，本书进一步对银行特征进行分组。通常银行既可以通过资产负债表中的资产业务及负债业务的调整来创造流动性，也可以通过表外业务途径来进行。因此，本书进一步按照资产、资产（含表外）、负债进行划分，分别考察不同业务成本效率在竞争与流动性创造影响的中介效应及作用机制的异质性。为了考察创新模式下的银行异质性，本书按照银行净非利息收入占总收入比例的高低将商业银行划分为高创新性银行、中等创新性银行和低创新性银行，进一步检验对不同金融创新性程度银行的异质性影响。

5.3.4 指标选取及描述性统计

（1）样本选择与数据说明。

银行数据来源于 Bankscope 数据库、银行定期报告，宏观经济数据来源于中国人民银行网站、中国国家统计局网站、WIND 资讯。为了增强分析的准确性，对数据作如下处理：①本书剔除 Bankscope 数据库中中国人民银行、政策性银行、证券公司、财务集团公司、信托投资公司等金融机构；②从2017年往回追溯至2010年，剔除时间跨度不足5年的银行样本；③对Bankscope数据库缺失的数据，逐一从公布的银行财务报告中弥补；④银行报表数据按当年年底的美元外汇牌价予以调整；⑤为剔除物价影响，以2010年为基期，利用CPI平减指数对银行财务报告绝对量数据进行平减；⑥除虚拟变量外，所有数据均使用winsorized技术进行1%的截尾处理。最终形成2010—2017年178家银行非平衡面板数据，其中，包括6家国有银行（含邮政储蓄银行）①、12家股份制商业银行、87家城市商业银行、41家农村商业银行（或农村合作银行）以及35家外资银行。截至2017年末，样本银行总资产为186万亿元，占我国银行业总资产的73.81%，因此，具有较高的代表性。主要变量描述性统计如表5-2所示。

表5-2 变量定义及统计性描述

变量名	变量含义	数据来源及计算方法	均值	标准差	最小值	最大值
LC_gla	流动性创造	流动性创造/表内外资产	0.138	0.1463	-0.643	1.253
Lerner	勒纳指数	根据模型测算	0.503	0.146	0	0.823
CE	成本效率	根据模型测算	0.883	0.106	0.412	0.977
lnglai	银行规模	表内外资产余额取自然对数	7.216	1.666	3.250	12.104
nplr	不良贷款率	Bankscope数据库	1.262	0.865	0	5.176
etar	权益资产率	Bankscope数据库	9.190	6.775	3.87	50.113
tcr	资本充足率	Bankscope数据库	17.451	16.354	9.9	126.32
nimr	净息差	Bankscope数据库	2.719	1.092	0.492	6.370
niir	非息收入占比	Bankscope数据库	21.311	18.127	-5.64	80.18
risk	信用风险	风险加权资产/总资产	0.332	1.746	0.000	13.716
bankr	同业参与度	（同业拆放+逆回购）/资产	16.443	12.666	0.891	61.602
Ibr7	7天同业拆借利率	来源于WIND资讯	3.355	0.617	2.203	4.181
idj	1年期存款基准利率	人民银行网站	2.427	0.700	1.5	3.276
ilj	1年期贷款基准利率	人民银行网站	5.372	0.776	4.35	6.336

① 与以往研究样本不同，本书国有银行中包含邮政储蓄银行。2019年2月11日，银保监会发布《银行业金融机构法人名单》，在机构类型中，中国邮政储蓄银行被列为国有大型商业银行，与工农中建交行同列。

续表

变量名	变量含义	数据来源及计算方法	均值	标准差	最小值	最大值
M2r	广义货币供给增速	人民银行网站	12.692	2.723	8.1	19.73
GDPr	GDP 增长率	国家统计局	7.675	1.133	6.69	10.6
HHI	赫芬达尔指数	市场份额的平方和	0.077	0.014	0.065	0.115
cir	成本收入比	Bankscope 数据库	35.117	19.127	0.338	92.845

5.4 实证结果与分析

5.4.1 竞争度测度结果与分析

表 5 - 3 列出了估算得到的各类商业银行 2010—2017 年的勒纳指数，处在 0.3 ~ 0.7。从时间趋势来看，样本区内的商业银行勒纳指数逐年变小，表明我国商业银行竞争度逐年加剧。分类型来看，我国商业银行的竞争度有趋同的趋势，截至 2017 年，全国各类型的银行竞争度均处在 0.4 左右。从各年的均值来看，在中资银行中城市和农村商业银行面临的竞争度最低，国有大型银行面临的竞争度最高，股份制商业银行面临的竞争度次之。当前，中资银行中股份制银行竞争度最大，农村商业银行的竞争度最小（见图 5 - 1）。

表 5 - 3　2010—2017 年银行分类型 Lerner 指数一览表

银行类型	2010 年	2011 年	2012 年	2013 年	2014 年	2015 年	2016 年	2017 年	均值
城市商业银行	0.6848	0.6452	0.6292	0.5435	0.5506	0.5308	0.5053	0.4472	0.5497
股份制银行	0.5908	0.525	0.5428	0.4674	0.4763	0.4826	0.4725	0.3724	0.4924
国有大型银行	0.5028	0.4611	0.4538	0.4432	0.4415	0.4294	0.4114	0.4129	0.4429
农村商业银行	0.5633	0.6572	0.6152	0.5359	0.557	0.5423	0.5155	0.4649	0.5408
外资银行	0.4326	0.4819	0.4341	0.35	0.3962	0.3032	0.3225	0.3557	0.3787
均值	0.5756	0.5891	0.5642	0.4963	0.5139	0.4833	0.4673	0.4279	0.504

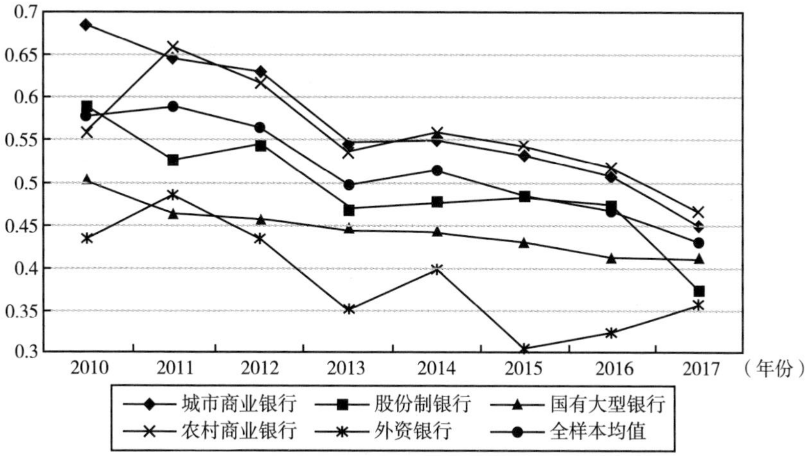

图 5－1　2010—2017 年银行 Lerner 指数趋势

5.4.2　成本效率测算结果与分析

本书采用 BC（95）模型进行估计，银行成本效率的测算结果如表 5－4 所示。从表中可以得出，2010—2017 年我国商业银行的成本效率呈现以下几个特点：第一，我国商业银行的成本效率不断提高；第二，各类银行的效率水平及增长速度存在差异，除外资银行外，我国中资银行在一定程度上开始趋同。其中，股份制银行的成本效率抑制保持领先；在 2017 年以前，城市和农村商业银行的成本效率一直低于国有大型银行，然而在 2017 年反超国有大型银行；农村商业银行 2013—2015 年赶超城市商业银行，近些年成本效率也较接近。样本期内我国商业银行成本效率年度均值的时间趋势如图 5－2 所示。

表 5－4　　2010—2017 年成本效率测算一栏表

银行类型	2010 年	2011 年	2012 年	2013 年	2014 年	2015 年	2016 年	2017 年	平均
城市商业银行	0.8539	0.8793	0.9051	0.8798	0.8995	0.8996	0.9070	0.9335	0.8984
股份制银行	0.9308	0.9507	0.9553	0.9477	0.9523	0.9395	0.9279	0.9449	0.9437
国有大型银行	0.9114	0.9134	0.9420	0.9147	0.9196	0.9159	0.9147	0.9158	0.9187
农村商业银行	0.7571	0.8311	0.8758	0.8941	0.9187	0.9119	0.9059	0.9240	0.8965
外资银行	0.7591	0.8343	0.8554	0.8338	0.8269	0.7812	0.7644	0.7870	0.8046
平均	0.8281	0.8701	0.8960	0.8800	0.8942	0.8830	0.8812	0.9027	0.8828

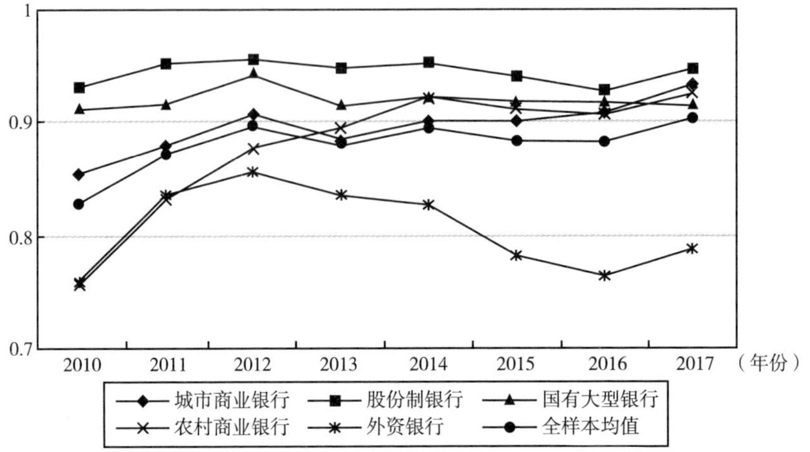

图 5-2　2010—2017 年银行成本效率水平趋势

5.4.3 "成本效率——流动性创造"假说检验

（1）数据平稳性检验。

首先，对数据进行单位根检验。在对变量进行单位根检验时，本书选取了 Fisher-ADF 以及 LLC 检验两种方法。这些变量均为比率值，且检验结果均为平稳数据。单位根检验结果如表 5-5 所示。

表 5-5　所有变量的单位根检验结果

变量	LLC 检验	Fisher-ADF 检验	变量	LLC 检验	Fisher-ADF 检验
LC	-4.2200 (0.0000)	-8.8786 (0.0000)	GDPr	-67.8332 (0.0000)	-23.1745 (0.0000)
CE	-31.8437 (0.0000)	-13.8012 (0.0000)	M2r	-29.2409 (0.0000)	-3.936 (0.0108)
nplr	-26.2 (0.0000)	-11.2941 (0.0000)	Ibr7	-14.2758 (0.0000)	-7.5279 (0.0000)

注：原假设为存在单位根，括号内为零假设的 P 值。

（2）PVAR（面板 PVAR）滞后项最优选择。

本书考虑采用 AIC、BIC 和 HQIC 为模型中滞后项选择的标准，根据结果显示，本书选取滞后一期为模型的滞后期数选择。具体结果如表5－6所示。

表5－6　　滞后期选择标准

滞后期	AIC	BIC	HQIC
1	0.6600*	5.19336*	2.4374*
2	210.048	215.597	212.24
3	96.5869	103.547	99.3601

（3）格兰杰因果检验。

对模型进行格兰杰因果检验，本书重点关注的是成本效率与流动性创造的Granger因果关系，实证结果表明，成本效率是流动性创造的Granger因果关系，而流动性创造不是成本效率的Granger因果关系，表明成本效率单向影响流动性创造。其他结果表明，不良贷款水平、经济增长率、货币供给量是流动性创造的Granger因果关系，而反之不成立。7天同业拆借利率与流动性创造互不呈Granger因果关系（见表5－7）。

表5－7　　格兰杰因果检验结果

原假设	Chi2 值	原假设	Chi2 值
CE 不是 LC 的 Granger 原因	5.5383 (0.019)	LC 不是 CE 的 Granger 原因	0.3724 (0.542)
nplr 不是 LC 的 Granger 原因	3.5808 (0.058)	LC 不是 nplr 的 Granger 原因	0.1394 (0.709)
GDPr 不是 LC 的 Granger 原因	11.339 (0.001)	LC 不是 GDPr 的 Granger 原因	0.3008 (0.583)
M2r 不是 LC 的 Granger 原因	8.8012 (0.003)	LC 不是 M2r 的 Granger 原因	0.1489 (0.700)
Ibr7 不是 LC 的 Granger 原因	0.14373 (0.705)	LC 不是 Ibr7 的 Granger 原因	1.0876 (0.297)

（4）脉冲反应。

本书将冲击作用的期限设置为10年，得到各变量的脉冲响应图（见图5－3）。从脉冲响应图来看，金融和银行冲击对流动性创造的影响最为持久。就金融震荡而言，广义货币供应量及七天拆借利率对流动性在统计上是负向且显著的。就银行冲击而言，本书强调，其成本效率和不良贷款率变量对流动性创造均产生积极的和统计上的显著影响，且都在未来一期对流动性创造产生很强的影响，然后逐渐减弱。本书得出了一个重要的结论：成本效率对流动性创造的冲击呈现出正向且显著的反应。之所以重要，有两个原因：第一，本书提供了关于效率对流动性创造影响的实证研究，补充了效率与流动性创造文献研究；第二，流动性的响应为正，提供了成本效率对流动性创造的正向影响的实证证据，这与 Baltas 等（2017）[23] 提出的"成本效率—流动性创造"是一致的。

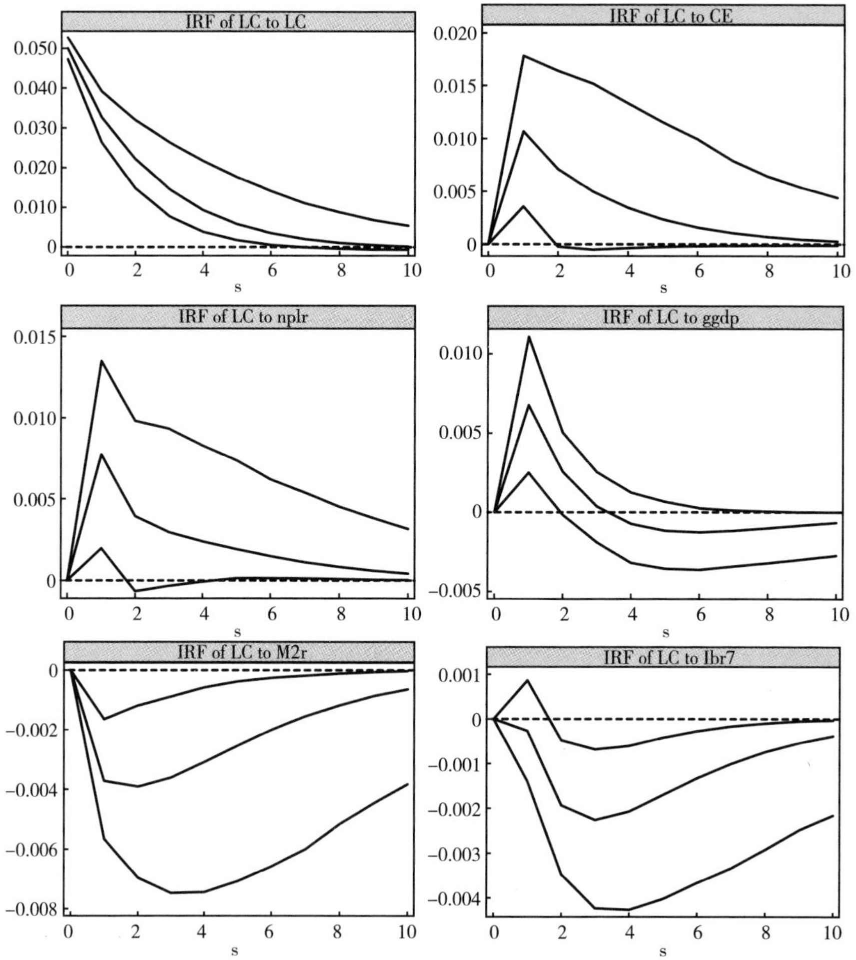

图 5－3 脉冲响应图

（5）方差分解。

为测度因果关系的强弱，本书采用方差分解对三个冲击不同预测期限的均方误差进行分解来作为脉冲响应分析的补充。从方差分解表中了解到成本效率对流动性创造具有更持久的影响（见表5－8）。

表5－8　　方差分解表

期数	LC	CE	nplr	GDPr	M2r	Ibr7
1	1.000	0.000	0.000	0.000	0.000	0.000
2	0.939	0.030	0.016	0.012	0.004	0.000
3	0.926	0.038	0.017	0.012	0.007	0.001
4	0.919	0.041	0.018	0.011	0.009	0.002
5	0.914	0.042	0.019	0.011	0.011	0.003
6	0.911	0.043	0.019	0.011	0.012	0.003

通过PVAR模型研究表明，成本效率单向正向影响流动性创造，这一结论证实了我国银行业“成本效率—流动性创造”假说的存在性，为成本效率与流动性创造的因果关系提供了经验证据，也为本书下一步将成本效率作为中介变量考察奠定了基础。

5.4.4 成本效率中介效应分析

（1）成本效率中介效应。

通过前述提出的Bootstrap中介变量检验方法，表5－9的检验结果显示，竞争度与成本效率的系数均显著，验证了竞争影响银行流动性创造的成本效率渠道显著存在性，支持本书的假设H5－2。从样本总体情况来看，可以看到，Lerner指数与成本效率呈显著正相关关系，也即竞争与成本效率呈显著负相关关系，总体样本结论支持“竞争非效率”假说；竞争与流动性创造也呈显著的负相关关系；成本效率与流动性创造呈显著的正相关关系，与Baltas等（2017）[23]的结论一致，再次证实了“成本效率—流动性创造”假说。因此，结论支持本书的假设H5－2，即竞争提高会降低成本效率从而减少流动性创造。

表 5－9　　　　总体样本成本效率中介效应检验

变量	模型（1）	模型（2）	模型（3）
CE < －Lerner	0.1669***	0.2278***	0.1321***
LC_gla < －CE	0.415***	0.5572***	0.2529***
Lerner	0.7312***	0.424***	0.5044***
CE * Lerner	－0.5582***	－0.6599***	－0.523***
控制变量			
lnglai		－0.0061**	－0.0101***
nplr		0.014***	0.0184***
etar		－0.0032***	
tcr		－0.0019***	－0.0034***
nimr		0.0662***	
niir		0.0009***	
risk		0.1805***	0.1431***
bankr		0.0028***	0.0012***
Ibr7		－0.0127	
idj		－0.7963***	－0.8747***
ilj		0.6429***	0.7318***
M2r		0.0026	0.0061***
GDPr		0.0181**	0.0153***
_cons		－3.0749***	－2.9775***

注：** 和 *** 分别表示在 5% 和 1% 的水平上显著。

竞争带来的成本升高，成本效率下降，进而减少流动性创造。本书试图可从以下几点来解释：①不良贷款率逐渐攀升，给经营成本带来较大的压力，消耗利润，降低成本效率。由于竞争度增加，各家银行在信息筛选机制方面会有所减弱，竞争所带来的逆向选择问题会进一步恶化，从而更进一步导致银行的贷款质量下降，提升了不良贷款水平，吞噬了银行利润，降低了效率。②存款成本上升。存款是“立行之本”，存款市场的竞争越加激烈。伴随存款利率市场化进程的不断加快，理财产品背后的刚性兑付明显挤出了银行的传统存款业务，银行的负债成本节节攀升，利差不断收窄，盈利能力下降。③客户关系的维护成本攀升。伴随竞争度加剧，各家银行为维护和拓展客户关系，银行的财务资源向其倾斜，增加了财务成本，降低了成本效率。④改变了银行家风险偏好选择，减少了风险承担，减少了信贷投放。因此，市场竞争度的提升降低了银行的成本效率。

从模型的控制变量估计结果来看，本书可以得知：①银行资产规模与银行流动性创造呈显著负相关关系，表明银行规模越大，受政府“大而不能倒”的隐性政策保护越多，其风险承担意愿更低，流动性创造可能越小。②一般来说，不良贷款率越高，银行在风险承担水平越高，流动性错配行为表现越为激进，从而造成流动性创造越多。权益资产率与银行流动性创造呈负相关关系，表明权益资产率越高，银行流动性创造越小，资本挤出效应得到验证。③资本充足率与流动性创造的影响呈负相关关系，证实了“金融脆弱假说”。④信用风险与流动性创造呈正相关关系，表明银行信用风险承担越大，越有利于流动性水平创造。⑤净息差、净非利息收入占比与流动性创造呈正相关关系，说明盈利能力越大，流动性创造越多。⑥同业业务参与度与流动性创造成正比。⑦从货币政策传导来看，存款政策利率与流动性创造呈负相关，贷款利率与流动性创造呈正相关关系，说明存款成本增加加大了银行成本，减少了流动性，贷款利率上升促进了信贷需求从而增加了流动性创造。广义货币增速与流动性创造呈显著正相关关系，宽松的货币政策促进了银行流动性创造。⑧从宏观环境来看，我国宏观经济环境（GDP 增速）与银行流动性创造呈现出显著的正相关关系，具有顺周期性。具体模型估计结果如表 5 - 10 所示。

（2）成本效率的非线性作用。

从竞争与成本效率的乘积来看，系数均为负且统计上显著，结果表明，效率在竞争与流动性创造作用中发挥了抑制的作用。为分析不同竞争程度状态下成本效率在竞争对流动性创造中的影响效应，本书按照均值及加减一个标准差区分三种竞争程度，即高、中、低竞争程度。从表 5 - 10 中的数据结果表明，在高度竞争和中度竞争环境下，成本效率的中介效应显著，Bootsrtap 检验的置信区间分别为（0.0157，0.0682）和（0.0069，0.0482），均不包含 0；而在低竞争环境下，成本效率并不发挥中介作用（-0.0142，0.0333），该区间包含 0。也即表示随着竞争程度逐渐变大，成本效率影响流动性创造的间接效应在变大，也即成本效率的提高会弱化竞争对流动性创造的负面影响。这可以看出，在当前竞争加剧的大环境下，提高银行成本效率是增强银行流动性创造的重要途径，也是当前金融提高服务实体经济能力的有力抓手。

表 5－10　　中介变量条件间接效应 95% 置信区间估计情况

程度	系数	偏差	标准差	95% 置信区间		方法
Mean－sd	0.0361	－0.0005	0.0125	0.0139	0.0628	P
				0.0157	0.0682	BC
Mean	0.0224	－0.0012	0.0101	0.0032	0.0429	P
				0.0069	0.0482	BC
Mean＋sd	0.01436	－0.0019	0.0123	－0.0209	0.0309	P
				－0.0142	0.0333	BC

注：P 为百分位置信区间，BC 为偏差校正置信区间。

（3）银行异质性分析。

为了分析银行异质性影响，本书按照以下两种方式进行分类：一种是按照业务模式分为资产流动性创造、资产（含表外）流动性创造以及负债流动性创造；另一种是按照银行净非利息收入占总收入比例分成三个区间：高创新性银行为 75% 比例银行；低创新性银行为 25% 比例银行；中等创新性银行为 25% ～75% 的银行。将商业银行划分为三种类型，进一步检验对不同金融创新性银行的异质性影响。

从表 5－11 估计结果可以看出，不论在业务模式上还是创新模式上，成本效率在竞争对流动性创造的中介效应都是显著的，进一步分析发现，不同的银行业务其表现出的敏感度不同，资产（含表外）业务较强，其次是负债业务，最后是资产业务。不同的创新模式银行受到竞争对流动性创造的影响也不一样，表现出竞争对流动性创造影响以及成本效率在竞争对流动性创造影响效应的异质性。根据结果得知，净非利息收入占比较低的银行，竞争对其流动性创造的负面影响是较大的，然而加大竞争有利于其转型发展，提高成本效率，而对于占比程度较高的银行，由于竞争加大，会减弱其创新业务收入，因此降低成本效率。本书还发现，占比较小的银行其对成本效率和竞争对流动性创造的敏感度较大，其成本效率在其中所起的作用也较大。

表 5 - 11　　竞争、效率与流动性创造影响的异质性

变量	按业务分类			按净非利息收入分类		
	资产流动性创造（不含表外）	资产流动性创造（含表外）	负债流动性创造	占比大	中等	占比小
CE < - Lerner	0.1898***	0.1828***	0.1893***	0.3075***	0.2447***	-0.1474*
LC < - CE	0.2714***	0.2789***	0.1621***	0.8247***	0.6569***	1.0884***
Lerner	0.1647***	0.3036***	0.2194***	0.4759***	0.2105	1.2124**
CE * Lerner	-0.3105***	-0.2924**	-0.3422***	-0.9495***	-0.5241**	-1.2930*
控制变量	控制	控制	控制	控制	控制	控制
常数项	-1.9394***	-1.3361***	-1.0482***	-1.9901	-4.4304***	-2.3848*
样本量	1207	1207	1207	244	524	237

注：*、** 和 *** 分别表示在 10%、5% 和 1% 的水平上显著。

随着竞争度的不断提高，非息业务的发展对银行的成本效率带来了负面的效应。可能的原因是：随着利率市场化进行逐步推进，原有的贷款及其他资产的价格抑制，导致收益向非息收入转移的现象有所缓解，资产利率价格逐步回归。因此，在不同的创新业务发展模式下，对于占比较低的银行来说，竞争可以提高成本效率从而增加流动性，然而对于占比较高的银行来说，竞争降低了成本效率从而减少了流动性，成本效率同样在竞争与流动性创造负向影响中起到了抑制作用，但成本效率所起的作用在创新程度低的银行中较大。

5.4.5　稳健性检验

本书做如下稳健性检验来进一步说明实证结果的有效性。

（1）代理指标不同。

①替换被解释变量。本书参考前人研究，流动性创造指标用流动性创造除以表内资产进行分析。②替换核心解释变量。银行的市场竞争度指标用资产市场占有率计算的 HHI（赫芬达尔指数）来代替，$HHI_i = \sum_{i=1}^{n}(X_{t,i}/X_t)^2$，其中 $X_{t,i}$ 代表 t 期银行 i 的资产规模，X_t 代表 t 期整个银行业的资产规模，HHI 越大，则竞争程度越低。用成本收入比指标代替成本

效率指标进行稳健性检验。结果显示系数符号一致，支持本书的结果（见表5－12）。

表5－12　　　　总体样本成本效率中介效应检验

变量	系数	系数	标准差	Z值	P值	95%置信区间	
cir < - HHI	0.025		0.0038	6.56	0.000	0.0176	0.0325
_cons	15.9514		2.9962	5.32	0.000	10.0791	21.8238
LC_ta < - cir		0.0041	0.0012	3.42	0.001	0.0017	0.0064
HHI		0.0006	0.0007	8.21	0.000	0.0004	0.0007
cir * HHI		-0.0005	0.0001	-3.55	0.000	-0.0008	-0.0002
_cons		-0.3451	0.0522	-6.61	0.000	-0.4474	-0.2428

（2）采用的估计方法不同。

采用基于正态理论方法进行中介效应检验，检验结果与Bootstrap一致（见表5－13）。

表5－13　　　中介变量条件间接效应95%置信区间估计情况

程度	系数	偏差	标准差	P值	95%置信区间	
Mean - sd	3.9923	0.8063	4.95	0.000	2.4119	5.5727
Mean	2.7144	0.7419	3.66	0.000	1.2602	4.1686
Mean + sd	1.43647	0.8855	1.62	0.105	-0.2990	3.1719

5.5　本章小结

本书从成本效率这个全新的视角出发，通过分析竞争、效率与流动性创造之间的关联关系，探索成本效率在银行竞争对流动性创造的中介作用影响机制，有利于深化竞争对流动性创造影响以及成本效率在流动性创造中的作用机制的理解，同时也是积极践行提升金融服务实体经济能力要求，助力实体经济蓬勃发展的一种机制和渠道，具有重要的时代任务和现实意义。

本书将成本效率作用作为竞争影响流动性创造的一个中介变量进行分

析，因此，在监控和评价流动性创造的多少以及能力方面可以通过成本效率这一中介变量来进行预判。这对于当前银行自身资产负债管理及决策行为调整来提高应对外部竞争压力加剧变化挑战的反应能力是极其重要的。竞争的中介目标的提出与验证不仅为银行业竞争流动性政策效果的监控提供了一个非常简约和可靠的领先指标的度量，而且为今后高竞争效果的研究提供了一个新的效标变量。

基于此，本书对 2010—2017 年 178 家中国商业银行微观数据进行分析，通过面板随机前沿（SFA）方法以及选取 BC（95）模型进行成本效率的测算，以及 Lerner 指数的测算，探讨竞争、效率与银行流动性创造之间的作用机制。首先，构造压力测试环境，通过 PVAR 模型验证了我国银行业“成本效率—流动动性创造”假说的存在性；其次，通过结构方程（SEM）模型构建中介效应模型，实证检验了成本效率在竞争影响流动性创造过程中所发挥的中介作用；研究还发现，成本效率的提高会弱化竞争对流动性创造的负面影响；进一步研究表明，流动性创造的作用机制在表内外业务、金融创新方面表现出异质性。研究结果表明，研究假设 H5－1、假设 H5－2 和假设 H5－3a、假设 H5－3b 成立。

从本章分析可知，在当前竞争加剧的大环境下，提高银行成本效率是增强银行流动性创造的重要途径，也是当前金融提高服务实体经济能力的有力抓手。战略转型一直以来是银行金融机构改革的主要方向，以净非利息收入占比提升为主要监测指标，能在一定程度上反映出商业银行战略转型和金融创新的程度，有利于提高成本效率，提升流动性创造能力。同时也注意到，保持适度的竞争环境，有利于增强银行流动性创造能力。因此，监管部门应积极引导我国传统商业银行进行战略转型金融改革发展，改善业务转型创新发展，提高公司治理水平；制订金融开放准入门槛时，要充分考虑我国商业银行的营商环境，有利于提高金融服务实体经济的能力和效率。

6 流动性信息披露新政下自愿披露对流动性创造的影响分析

信息披露作为市场约束的一种机制，是关系到银行透明度、金融系统安全性和稳定性的一个重要问题。在流动性与资本监管并重的后金融危机时代，信息披露成为当前国际监管的工作重点。东南亚金融危机、巴林银行事件以及美国的次贷危机所引发的世界范围的金融危机都深刻表明，信息透明度不高是金融危机暴发最根本和最重要的原因之一。2013 年 6 月的“钱荒”事件折射出我国流动性风险管理存在较大问题，提高流动性风险管理水平迫在眉睫。

随着巴塞尔协议的推进，利用市场约束力量进行金融机构流动性风险监管得到前所未有的发展。我国结合国际信息披露监管要求，不断完善流动性风险管理办法，多次修订了《商业银行流动性风险管理办法（试行）》，引进了国际监管监测指标：流动性覆盖率（LCR）和净资金稳定比例（NSFR），并于 2015 年 9 月发布最新办法。同时为强化信息披露市场约束作用，提高风险管理水平，于 2015 年 12 月发布了《商业银行流动性覆盖率信息披露办法》，该办法颁布标志着我国在流动性风险管理和信息披露监管相结合改革发展的一座里程碑。

当前，我国流动性风险信息披露监管体系还不完善，市场机制还不成熟，存在大量非上市银行，银行透明度面临巨大的挑战。伴随监管新规逐步推进，银行透明度得到有效提升。然而，自愿披露作为强制披露的有效补充，提升银行透明度的同时，能否有效缓解投资者、储户、借款人与银行之间的信息不对称问题？能否发挥市场约束作用？对流动性创造产生怎样的影响？是否有效缓解银行流动性风险，维护银行稳定性？监管机构在实施监管的过程中，不仅面临强制披露银行，同时也面临自愿披露银行。

因此，这些问题的回答有助于提升银行透明度、维护银行体系的稳定性具有重要的现实意义。

6.1 流动性信息披露新政下自愿披露对流动性创造影响的理论分析

6.1.1 银行透明度与金融监管理论模型分析

本章借鉴 Bouvard 等（2015）[96]建立的一个最优透明度监管理论模型，说明透明度与银行监管机制分析。

在透明度选择策略方面，监管者面临着一个委托代理困境，他们将面临三种策略：完全透明、部分透明或模糊机制。对于金融机构监管者来说，最重要的是金融系统的安全性和稳定性，系统风险是最重要的一道"防线"，也是此模型的目标。监管者喜欢聚焦于高质量公司，甚至是强大的银行。相比于投资者，监管者有更多可靠的信息：宏观总冲击水平和微观资产负债表质量水平。假如一组非对称信息，监管者面临去寻求最优披露均衡的挑战。根据其最优披露策略研究表明，如果对于投资者去展期他们的信用，银行系统平均披露质量足够高，那么对于监管者来说，选择不透明机制是最优的，否则，选择透明策略会更好。透明度减少投资者和银行之间信息不对称，揭示关于特殊的银行风险信息，由此投资者能更准确地判断哪个银行更强大，阻止系统风险发生。该模型讨论不对称信息透明和不透明区域包括三种情景：一是发生系统性风险，这种是最担忧的；二是发生在低质量的银行；三是不发生，这种是最完美的。这些情况发生的前提是监管机构给予一定比例的高质量银行进行披露。因此，监管者有直接的能力去扩展不透明区域。随着信息完全对称，高质量银行在系统中的最优比例将透明和不透明区域分成了两个子集，分别为三种情况：在低质量银行发生风险、不发生风险、完全减少系统风险发生区域，如图 6－1 所示。

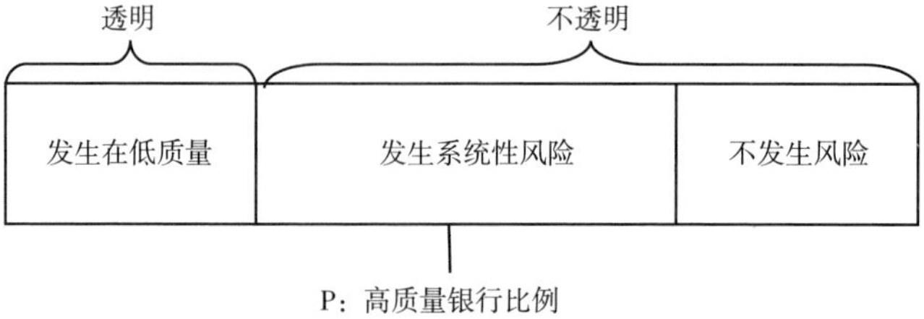

图 6－1　透明—不透明区域

资料来源：Bouvard 等（2015）模型。

6.1.2　自愿披露与银行流动性需求模型分析

本章主要研究自愿披露对流动性创造变化的影响。Diamond 和 Dybvig（1983）[5]是研究存款市场的信息不对称的先驱，理论研究表明，存款者与银行之间的信息不对称会导致挤兑概率的增加，进而可能会导致银行破产甚至引发系统性风险。在结合两者的思路基础上构建了一个模型。

模型假设消费者风险中性，时间分为三个时期：$T=0$，1，2，没有贴现，并假设仅存在一种同质的银行存款。假设银行将存款投入一种生产技术中，则在 $T=0$ 期投资者投入 1 单位的存款，若存款人持有存款至 $T=2$ 期，则可以得到 $1+r_i$ 的回报。其中，$r_i=\mu+\eta_i$，μ 是一个共同参数，对银行部门收益的期望回报，η_i 是代表银行专有信息的，与银行质量相关，如果是高质量的银行则 $\Delta_\eta>0$，低质量的银行则为 $-\Delta_\eta$，其概率分别为 p 和 $1-p$。当 $T=0$ 时，$E_0(\eta_i)=0$。投资者在 $T=1$ 时刻可以考虑存放存款在银行或者取回存款。那么，此时银行将面临展期风险和早期流动性需求的可能。流动性是有成本的，如果一个 l_i 比例的存款撤退，则单位存款的回报在 $T=2$ 时减少到 r_i-cl_i。假如投资者撤退，则一个单位存款在 $T=1$ 时收益为 1，$T=2$ 时收益为 $1+r_i-cl_i$。假设有 50% 的比例撤离，则在 $T=2$ 时的收益为 $1+r_i-c/2$。假设仅低质量的银行面临展期风险和早期流动性需求，而高质量银行没有这种风险。根据以上假设可以得到：

$$0<-\Delta_\eta+\mu<c/2<\Delta_\eta+\mu \tag{6-1}$$

在投资者做出撤离之前，不能直接观测到这些异质性冲击。然而，在 $T=1$ 时，银行的平均回报 $E_1(\eta_i)$ 依赖于银行披露策略。如果银行自愿披露专有信息，则投资者能够清楚地区分高质量和低质量银行，则 $E_1(\eta_i)=\eta_i$。且证明：当 T=1 时，当且仅当 $\mu+E_1(\eta_i)<c/2$ 时银行发生挤兑风险。

6.2 流动性信息披露新政下自愿披露对流动性创造影响的研究假设

根据上述模型分析可知，首先，这个模型暗含假设高质量的银行有动机去披露更多的信息，而低质量的银行没有任何动机去披露信息。其次，假设投资者有权在 T=1 时撤离，那么金融机构将面临短期融资和展期风险。自愿披露行为向市场发送一个正向信号，影响投资者和储户的预期，从而降低投资者及储户的展期风险。因此，自愿披露有效缓解信息不对称问题，在维护系统存款稳定方面起到了积极作用。徐晔和熊婷燕（2018）[99]通过考察信息披露新规下自愿披露对展期风险的影响，研究表明自愿信息披露能有效降低展期风险。

我国学者在流动性新规对银行的信贷供给影响方面研究得出了一致的结论。胡德宝和王晓彦（2016）[169]认为严格的流动性监管有可能对银行经营形成一定的负面影响，降低银行信贷扩张的意愿，造成对实体经济的信贷供给的总量下降，对金融稳定构成威胁。隋洋和白雨石（2015）[170]研究认为，流动性覆盖率对银行业务盈亏和经营导向有一定的影响，流动性覆盖率等巴塞尔Ⅲ流动性指标将抑制银行的放贷冲动。廉永辉和张琳（2015）[171]通过测算结构流动性指标验证流动性冲击对银行信贷供给影响效应，研究表明结构流动性具有减弱流动性冲击对银行信贷供给负向影响的调节效应。流动性信息披露作为总体冲击，为满足流动性覆盖率指标披露标准，对银行经营导向和信贷行为产生影响。银行与借款人之间存在信息不对称，由于银行无法全面掌握借款者的偿还能力信息，当发生流动性冲击时，银行为了控制风险不仅会提前收回贷款，而且会约束未来的信贷行为。纵观学者对流动性监管新规对信贷供给的影响结果来看，均表明短期会产生惜贷行为，信贷供给收缩。

关于银行自愿披露动机，根据 Bouvard 等（2015）[96]理论的预测，更强大的银行更易透明。在此流动性风险监管要求下，发现当政策的目标对银行规模有阈值时，这将导致规模较小的银行以及不在监管要求的银行去自愿声称自己的流动性状态，以示自己的强大。正如程新生等（2011）[172]所提出的，自愿披露作为一个有效的甄别信号能够实现两类公司的分离均衡。他们迫在眉睫地希望宣称自己为较大银行或能力较强银行队伍中的一分子。我国学者对银行信息披露情况研究表明，中国上市银行信息披露与国际银行间存在较大差距（胡奕明，2002）[173]。以当前我国银行的信息披露水平来看，整体披露水平不高，监管机构选择了一定规模以上的银行进行披露半透明策略。作为仅仅有限数量的银行自愿披露者，虽然自愿披露可能与潜在的其他动机相关，但从目前来看，资产规模仍然会是银行强大的衡量标准。因此，本章对自愿披露银行提出以下假设：

假设 H6－1：短期来说，在流动性监管趋严的形势下，自愿披露银行与不透明银行相比，将减少表内外资产的流动性创造。

假设 H6－2：在流动性覆盖率披露的监管新规下，自愿披露银行与不透明银行相比，银行将增加负债流动性创造。

假设 H6－3：规模更强大的银行更易选择透明，增加其流动性创造。

6.3 流动性信息披露新政下自愿披露对流动性创造影响的假设检验

6.3.1 拟自然实验环境构建

中国银监会公布的《商业银行流动性风险管理办法（试行）》（2015年第9号）于2015年10月1日实施，该文规定，部分商业银行不适用流动性覆盖率监管要求，如农村合作银行、村镇银行、农村信用社、外国银行分行以及资产规模小于2000亿元人民币的商业银行。《中国银监会关于印发商业银行流动性覆盖率信息披露办法的通知》（银监发〔2015〕52号）于2015年12月31日实施。文中规定，根据《商业银行流动性风险管理办法（试行）》适用流动性覆盖率监管要求的商业银行应当按照本办法的规定披露流动性覆盖率信息。

根据本章对自愿信息披露的概念界定以及上述规定，不在监管要求范围内的部分银行会自愿披露流动性覆盖率指标情况，这给本章的分析创造了拟自然实验环境和数据支撑。因此，本章以政策实施年（2015 年）为分界点，通过对商业银行年报中对流动性覆盖率指标信息披露情况进行调查，人工收集披露情况，然后，以年报中流动性覆盖率指标披露为判别标准对样本进行分类，适用流动性覆盖率监管要求且资产大于 2000 亿元的商业银行为强制披露银行；资产规模小于 2000 亿元，但在 2015 年年报中披露了流动性覆盖率银行为自愿披露银行；资产小于 2000 亿元但未披露流动性覆盖率指标的银行为未披露银行，并以其为控制组，研究自愿披露对流动性创造是否有显著的差异，以验证新规颁布后自愿披露影响效应。

6.3.2 研究方法与模型构建

（1）研究方法选择。

本章主要分析自愿披露对银行流动性创造的影响。由于根据监管政策实施对象研究情况来看，监管政策对象的划分创造了一个实验环境，某一些银行在一定程度上随机划入要求披露的分类，因此可运用一个拟自然实验去识别流动性覆盖率披露效应。参照刘瑞明和赵仁杰（2015）[174]的研究设计思路，在评价一个政策实施效果评价方面通常采用 DID 方法，因此，我们将自愿披露看作在银行信息披露方面进行的一项策略试验。DID 方法中处理组与对照组之间需满足共同趋势假设这一前提条件，然而，由 Heckman 等（1997）[175]提出并发展起来的 PSM - DID 方法是这一问题的有效解决方法。因此，本章首先通过 DID 方法研究自愿披露所带来的流动性创造影响，然后通过 PSM - DID 方法来进行稳健性检验。由于倾向得分匹配法需要首先利用相关模型计算银行自愿披露的倾向得分，然后选择与自愿披露样本倾向得分最为接近的样本为控制组样本。因此，本章使用 Logit 回归计算出每个样本的倾向得分，同时考虑前人文献研究中提出的影响银行自愿披露因素，采用核匹配的方法来确定权重，在此基础上为每个样本找到倾向得分最为接近的控制组样本。最后对自愿披露组与控制组的差异进行检验。匹配后，测试组样本与控制组样本之间不存在显著的差异。

（2）实证模型构建。

在监管者监管规则形式的外部冲击下，一定规模以上的银行成为强制披露者，而对非强制披露者来说，会出现自愿披露者和不披露者，在这种情形下，我们可以运用 DID 方法对关于信息披露政策改革后自愿披露策略的影响做出推断。Balakrishnan 等（2014）[89] 运用 DID 方法去评价市场在股票流动性上自愿盈利导向的因果效果。为了评估自愿披露效果和检验假设 H6－1 和假设 H6－2，本章去除强制披露样本来隔离监管效果，把自愿披露者分类到处理组和未披露者为控制组（不透明银行）并且检测这个新规后的效果。这个基础实证模型形式如下：

$$Y_{it} = \beta_0 + \beta_1 T + \beta_2 VOL + \beta_3 T \times VOL + \beta_4 Z_{it} + \varepsilon_{it} \qquad (6-2)$$

其中，T 代表时间哑变量，政策实施前 T＝0，实施后 T＝1；VOL 代表自愿披露哑变量，自愿披露银行等于 1，非披露银行（控制组）等于 0；T × VOL 代表时间和自愿披露的交叉项，交叉项系数 β_3 就代表了自愿披露策略对银行流动性创造活动影响的净值；Z_{it} 为控制变量；ε_{it} 为随机扰动项。

6.3.3 变量选取与数据说明

（1）DID 模型控制变量选择。

DID 方法基于一个假设：我们的研究组与控制组除在事件发生上一个存在、一个不存在外，其他属性要同质。本书的研究组和控制组来自不同的银行，不同质属性会对银行的流动性创造产生影响。所以我们要控制这些不同质属性对观测变量的影响。参照已有文献对影响因素的分析，本章从以下几个方面选取控制变量：

从银行自身经营情况层面，主要参考 CAMEL 评级系统，从资本状况、资产质量、资产规模、盈利能力以及稳健性等财务特征来考虑，选取资产规模、资本充足率、平均净资产收益率、权益资产率、存贷比、不良贷款率、净息差、银行破产风险等指标。

从宏观经济层面考虑：一方面，GDP 增速反映了我国经济发展程度。因此，选用 GDP 增长率作为经济增速的衡量指标；另一方面，货币政策会通过银行资产负债表渠道影响银行流动性创造，还会通过银行的风险承担渠道影响银行的流动性创造。因此，本章采用 M2 的增长速度来作为货币政策的代理变量，其中，M2 增长率越小表明货币政策越紧缩。

根据上述分析，本章构建假设的 DID 模型：

$$Y_{it} = \alpha_0 + \alpha_1 T + \alpha_2 VOL + \alpha_3 T \times VOL + \alpha_4 lnglai_{it} + \alpha_5 tcr_{it} + \alpha_6 roae_{it} + \alpha_7 etar_{it} + \alpha_8 ldr_{it} + \alpha_8 nplr_{it} + \alpha_9 nimr_{it} + \alpha_{10} zscore_{it} + \alpha_{11} GDPr_{it} + \alpha_{12} M2r_{it} + \varepsilon_{it} \quad (6-3)$$

Y_{it}分别代表各种流动性创造指标，如总体流动性创造 lc_gla、表内流动性创造 lcon_gla、表外流动性创造 lcoff_gla、资产流动性创造 tlas_gla、资产含表外流动性创造 tlasoff_gla 以及负债流动性创造 tll_gla。

（2）稳健性检验 PSM－DID 方法控制变量选择。

根据前人研究结论，结合数据的可得性，选取自愿披露银行特征指标，具体指标如下：

从公司治理特征角度，选取第一大股东持股比例、所有权制、股权集中度、监事会规模、独立董事占比、董事会规模、董事长性别、董事长年龄、董事长持股等指标作为控制变量。从外部环境选择市场化指数作为控制变量。从银行财务特征角度，从公司规模、资本状况、盈利能力、业务模式、资产质量等方面选取资产规模、资本充足率、平均净资产收益率、净息差、存贷比、权益资产率、不良贷款率以及银行破产风险等指标（见表 6－1）。

表 6－1　控制变量情况一览表

变量名	变量名称	单位	计算方法	数据来源
lnglai	银行规模	—	表内外总资产的对数	自行计算
tcr	资本充足率	%	资本净额/风险资产总额 ×100	Bankscope
roae	平均净资产收益率	%	净利润/平均净资产 ×100	Bankscope
etar	权益资产率	%	所有者权益/资产总额 ×100	Bankscope
ldr	存贷比	%	贷款/存款 ×100	Bankscope
nplr	不良贷款率	%	不良贷款额/各项贷款 ×100	Bankscope
nimr	净息差	%	净利息收入/生息资产平均余额 ×100	Bankscope
zscore	破产风险		（权益资产率＋资产收益率）/资产收益率的标准差	自行计算
fcg	第一大股东持股比例	%	第一大股东持股占比	年报

续表

变量名	变量名称	单位	计算方法	数据来源
gov	所有制	—	第一大控股股东所有制，1 为国有，0 为非国有	年报
econ	股权集中度	%	前十大股东持股总额占比	年报
jshrs	监事会规模	人	监事会人数	年报
indr	独立董事占比	%	独立董事人数/董事会人数 ×100	年报
dshrs	董事会规模	人	董事会人数	年报
gend	董事长性别	男/女	哑变量，男性为 1，女性为 0	年报
dsznl	董事长年龄	岁	年报披露时的董事长年龄	年报
dszcg	董事长持股	—	哑变量，1 为持股，0 为不持股	年报
schr	市场化指数	—	樊纲公布的市场化指数	—
GDPr	GDP 增长率	%	GDP 增长额/上年 GDP 总额 ×100	中国统计年鉴
M2r	广义货币供给增速	%	M2 增长额/上年 M2 总额 ×100	中国人民银行

6.3.4 数据来源与样本选择

本章数据来自 2010—2017 年 Bankscope 数据库、银行官网的财务年报、《中国统计年鉴》以及中国人民银行网站。选取 Bankscope 数据库中我国商业银行样本 178 家。通过调查收集的 178 家商业银行信息披露情况发现，有 55 家强制披露；在剩余不受监管要求的银行中，有 29 家自愿披露，占非监管要求银行的 16.29%，其中，城市和农村商业银行占比为 65.51%；有 94 家未披露，其中，城市和农村商业银行占比为 77.65%。从目前披露情况来看，自愿披露的银行数量仅占整个样本的 16.29%，虽在整个样本中仍是较小的一部分，在提升银行透明度改革进程中发挥着重要的作用，但其改革之路仍任重道远。

由于本章的分析对象为非监管要求银行中自愿披露银行和未披露银行，因此，删除强制披露银行，最终得到样本 123 个，其中，自愿披露银行 29 家，未披露银行 94 家（见表 6－2）。

表 6 – 2　　银行披露情况样本清单

自愿披露银行（处理组）	未披露银行（控制组）		
银行名称	银行名称	银行名称	银行名称
东营银行	鞍山银行	赣州银行	余杭农商行
广西北部湾银行	沧州银行	潍坊银行	海安农商行
昆仑银行	大同银行	承德银行	南昌农商行
宁夏银行	福建海峡银行	烟台银行	浙江义乌农商行
攀枝花市商业银行	阜新银行	丹东银行	浙江温州鹿城农商行
绍兴银行	广东华兴银行	临商银行	江门融和农商行
四川天府银行	广东南粤银行	嘉兴银行	浙江南浔农商行
营口银行	湖州银行	泰安银行	肇庆端州农商行
张家口银行	华润银行	曲靖银行	青岛农商行
长城华西银行	济宁银行	汉口银行	法国巴黎银行（中国）
泉州银行	金华银行	东莞银行	富邦华一银行（中国）
乌海银行	晋商银行	富滇银行	韩亚银行（中国）
营口沿海银行	九江银行	桂林银行	恒生银行（中国）
青岛银行	莱商银行	长安银行	华美银行（中国）
唐山银行	辽阳银行	九台农商行	华商银行
南海农商行	洛阳银行	常熟农商行	蒙特利尔银行（中国）
慈溪农商行	宁波通商银行	大连农商行	摩根大通银行（中国）
珠海农商行	齐鲁银行	佛山农商行	摩根士丹利国际银行（中国）
武汉农商行	齐商银行	江阴农商行	盘谷银行（中国）
大华银行（中国）	日照银行	九台农商行	瑞穗银行（中国）
德银（中国）	厦门银行	厦门农商行	三井住友银行（中国）
东方汇理银行（中国）	台州银行	滨海农商行	首都银行（中国）
兴业银行（中国）	泰隆银行	温岭农商行	新韩银行（中国）
花旗银行（中国）	威海银行	无锡农商行	友利（中国）
南洋银行（中国）	温州银行	吴江农商行	华侨永亨（中国）
三菱日联银行（中国）	浙江稠州银行	张家港农商行	澳新银行（中国）
星展银行（中国）	浙江民泰银行	杭州联合银行	企业银行（中国）
渣打银行（中国）	重庆三峡银行	紫金农商行	国民银行（中国）
正信银行	乌鲁木齐银行	萧山农商行	大新银行
	邯郸银行	鄞州银行	瑞士银行（中国）
	内蒙古银行	瑞丰银行	
	柳州银行	合肥科技农商行	

6.3.5 描述性统计分析

本章分别对2015年前后各年度自愿披露和不披露银行样本进行了描述性统计。从描述性统计数据来看，2015年以前，自愿披露银行除负债流动性创造低于不透明银行外，其他各项流动性创造均高于不透明银行；2015年以后，自愿披露银行除负债流动性创造高于不透明银行外，其他各项流动性创造指标均低于不透明银行。总体来说，2015年前后对比，资本充足、盈利能力均有不同程度的下降，利差收窄、资产质量下降。然而，自愿披露银行的稳定性增强，而不透明银行稳定性下降较大。具体描述性统计情况如表6－3、表6－4所示。

表6－3　自愿披露主要变量描述性统计

变量	2015年以后				2015年以前			
	均值	标准差	最小值	最大值	均值	标准差	最小值	最大值
Lc_gla	6.145	17.34	－53.39	51.11	19.21	17.45	－45.12	95.85
Lcon_gla	0.749	15.80	－53.39	41.43	11.70	14.10	－45.12	69.14
Lcoff_gla	5.397	4.830	0	21.69	7.501	6.526	0	35.72
Tlas_gla	－3.735	9.413	－32.24	35.89	6.511	9.567	－19.07	43.46
Tlasoff_gla	1.662	11.57	－32.24	37.19	14.01	13.31	－17.31	70.17
tll gla	4.483	9.547	－33.27	32.55	5.194	8.483	－34.46	25.68
etar	11.32	11.01	4.480	76.59	10.49	8.593	3.460	71.61
roae	4.947	5.438	－2.167	24.49	10.07	9.696	－4.126	46.61
tcr	17.44	11.75	10.56	97.50	18.27	12.57	9.200	95.26
nplr	1.498	1.160	0	7.730	0.883	1.286	0	8.810
nimr	1.973	0.921	－0.422	4.050	2.968	1.151	0.889	5.883
ldr	64.07	16.82	16.65	130.6	65.78	17.49	21.03	163.5
zscore	85.19	246.8	2.351	2275	77.93	129.8	4.455	1054
lnglai	6.684	1.039	2.472	7.948	6.365	0.862	2.494	7.858
fcg	33.36	34.81	4.890	100	36.52	36.25	4.890	100
gov	0.500	0.504	0	1	0.500	0.503	0	1
econ	69.36	22.54	30.32	100	73.42	21.59	30.32	100

续表

变量	2015 年以后				2015 年以前			
	均值	标准差	最小值	最大值	均值	标准差	最小值	最大值
indr	22.98	7.530	10	38.46	20.91	7.267	10	38.46
dshrs	10.63	2.765	6	16	10.24	2.830	4	16
jshrs	6.211	1.729	2	9	6.043	1.672	2	9
gend	0.948	0.223	0	1	0.950	0.219	0	1

表 6－4　不透明银行主要变量描述性统计

变量	2015 年以后				2015 年以前			
	均值	标准差	最小值	最大值	均值	标准差	最小值	最大值
dsznl	52.44	4.250	45	65	49.49	5.175	40	62
dszcg	0.615	0.493	0	1	0.510	0.505	0	1
schr	8.068	1.934	2.878	10.21	7.515	1.756	2.870	9.780
Lc_gla	9.479	14.64	-64.30	66.65	17.96	15.32	-61.93	125.3
Lcon_gla	3.577	13.67	-68.35	32.05	11.41	13.72	-66.35	38.77
Lcoff_gla	5.726	4.825	0	24.11	6.547	7.477	0	108.9
Tlas_gla	-0.595	9.267	-36.11	24.47	5.709	9.183	-35.23	34.35
Tlasoff_gla	5.131	10.69	-29.05	30.75	12.26	11.53	-33.91	118.1
Tll_gla	4.084	7.418	-36.89	27.86	5.700	7.926	-35.02	31.79
etar	10.45	9.614	4.705	75.91	11.10	8.996	3.500	78.05
roae	5.606	6.055	-1.905	26.32	9.964	8.328	-3.037	36.30
tcr	23.09	59.05	10.41	570	25.04	42.23	9.140	446
nplr	1.639	0.794	0	5.176	1.268	1.582	0	14.15
nimr	2.296	0.958	0.0290	5.571	3.384	1.367	0.793	10.05
ldr	64.20	15.40	0	131.8	65.50	32.30	5.165	508.0
zscore	65.11	101.8	2.351	1036	199.6	1408	3.196	20961
lnglai	6.564	0.991	2.882	8.869	6.124	0.958	2.119	8.632
fcg	17.75	18.41	2.340	100	19.62	21.28	2.340	100
gov	0.585	0.494	0	1	0.576	0.495	0	1
econ	61.24	21.44	0	100	62.20	22.33	0	100
indr	23.21	9.899	0	62.50	22.53	9.406	0	62.50

续表

变量	2015 年以后				2015 年以前			
	均值	标准差	最小值	最大值	均值	标准差	最小值	最大值
dshrs	11.91	2.735	5	21	11.95	2.779	5	21
jshrs	7.250	1.915	1	11	7.082	1.946	1	11
gend	0.922	0.269	0	1	0.931	0.254	0	1
dsznl	52.06	3.774	43	62	49.83	4.227	40	63
dszcg	0.563	0.498	0	1	0.601	0.491	0	1
schr	8.586	1.652	2.878	10.21	8.039	1.436	2.980	9.950

6.4 实证结果与分析

6.4.1 DID 模型回归结果分析

本书利用双重差分法模型（1）至模型（6）分别检验自愿披露对银行总体流动性创造、表内、表外、资产、资产含表外、负债流动性创造影响假设情况。表内流动性创造是表内资产以及负债流动性创造的结合；总体流动性创造是表内流动性创造和表外流动性创造的结合，也是资产含表外以及负债流动性创造的权衡。因此，本章重点是检验资产及表外的流动性创造影响以及负债的创造影响，以此来检验本章的假设 H6－1 和假设 H6－2。检验结果详如表 6－5 所示。

表 6－5　　自愿披露对银行流动性创造影响回归结果

模型	(1)	(2)	(3)	(4)	(5)	(6)
分类型	全样本	表内	表外	资产	资产含表外	负债
T * vol	−1.555 * (−2.04)	−0.228 (−0.35)	−1.095 *** (−3.73)	−1.312 ** (−2.62)	−2.408 *** (−3.90)	1.145 ** (3.18)
etar	−0.442 *** (−3.90)	−0.582 *** (−6.06)	0.118 ** (2.69)	−0.119 (−1.60)	−0.00176 (−0.02)	−0.474 *** (−8.87)

续表

模型	(1)	(2)	(3)	(4)	(5)	(6)
分类型	全样本	表内	表外	资产	资产含表外	负债
roae	0.118 (1.51)	0.0620 (0.93)	0.0480 (1.59)	-0.0519 (-1.01)	-0.00391 (-0.06)	0.104** (2.81)
tcr	-0.0760*** (-3.62)	-0.0486** (-2.73)	-0.0206* (-2.54)	-0.0214 (-1.55)	-0.0420* (-2.47)	-0.0237* (-2.40)
nplr	0.0522 (0.19)	-0.00171 (-0.01)	0.0453 (0.43)	-0.257 (-1.43)	-0.212 (-0.95)	0.255* (1.97)
nimr	2.217*** (6.49)	1.770*** (6.11)	0.372** (2.82)	1.120*** (4.98)	1.491*** (5.38)	0.622*** (3.85)
ldr	0.204*** (7.58)	0.201*** (8.81)	0.000535 (0.05)	0.245*** (13.90)	0.246*** (11.29)	-0.0464*** (-3.65)
M2r	0.0299 (0.23)	-0.0656 (-0.60)	0.181*** (3.64)	0.397*** (4.68)	0.579*** (5.53)	-0.420*** (-6.89)
GDPr	1.322** (2.93)	1.331*** (3.47)	0.173 (0.99)	0.977** (3.29)	1.150** (3.14)	0.439* (2.06)
zscore	-0.000268 (-0.93)	-0.0000271 (-0.11)	-0.000240* (-2.15)	-0.000146 (-0.77)	-0.000386 (-1.65)	0.000121 (0.89)
lnglai	-5.231*** (-4.57)	-7.380*** (-7.59)	2.701*** (6.11)	-4.197*** (-5.57)	-1.497 (-1.61)	-2.908*** (-5.37)
_cons	26.06* (2.23)	38.84*** (3.91)	-18.86*** (-4.18)	2.847 (0.37)	-16.02 (-1.69)	33.10*** (5.99)
N	1029	1029	1029	1029	1029	1029
R^2	0.434	0.489	0.115	0.545	0.477	0.259

注：*** $p<0.01$；** $p<0.05$；* $p<0.1$。

从表6-5的模型（3）、模型（4）检验结果来看，资产及表外流动性创造估计系数为负且10%统计显著，表明透明银行相比不透明银行流动性创造有所减少，证实了本章的假设H6-1。在趋严的监管要求下，为达到严格的流动性监管标准，透明银行在资产方面临着巨大的调整压力，使其产生了惜贷行为。因此，可以表明流动性监管指标抑制了银行的信贷冲动。从模型（6）检验结果来看，负债流动性创造估计系数为正且5%统计显著，表明透明银行相比不透明银行有更大的负债流动性创造能力。这项研究结论将给银行业充分重视自愿信息披露，提高透明度，通过市场约束机制为银行提供低成本稳定存款流开拓了一个渠道。

在资产、表外及负债流动性创造的权衡下，表内流动性创造以及总体流动性创造也呈现出负相关关系，但表内流动性创造系数不显著。表内流动性创造主要是资产流动性创造与负债流动性创造权衡的结果。总体流动性创造是表内和表外流动性创造共同作用的结果。

正如 Acharya 和 Mora (2015)[176]所表明的，认为在经济下行时期，对于一个银行的流动性提供者来说，存款增长更加重要。同时，Ivashina 和 Scharfstein (2010)[177]表明，当他们有更好的存款金融介入，不依赖于短期债务，银行将减少贷款（如在危机时期）。研究结果表明，自愿披露银行比不透明银行具有更高的负债流动性创造以及更低的资产流动性创造。然而，值得关注的是，自愿披露银行传统信贷业务的收缩，一方面有效抑制了放贷冲动，增强金融系统稳定性；另一方面，可能会加剧影子银行业务发展，这可能是一个监管者和社会在经济下行周期所需重点关注的领域。

6.4.2 PSM－DID 方法估计结果分析

（1）研究方法选取。

为了克服内生性问题，降低 DID 估计的偏误，本章根据前人研究经验（如刘瑞明和赵仁杰，2015[174]；Agarwal et al.，2015[178]；Heckman et al.，1997[175]），采用倾向得分匹配与双重差分相结合方法。首先本章用 Logit 模型得到倾向得分，然后用 Kenel 匹配银行得分，检验流动性创造能力情况。

（2）银行特征变量的选择。

为了考察自愿披露银行特征，根据 CAMEL 评级系统的典型维度选取了一系列财务特征指标，同时从公司治理角度，选取第一大股东持股比例、所有权制、股权集中度、监事会规模、独立董事占比、董事会规模、董事长性别、董事长年龄、董事长持股等指标作为控制变量。从外部环境选择市场化指数作为控制变量。通过逐步回归方法对所有变量的模型进行筛选后得出，权益资产率、资本收益率、资产规模与自愿披露呈正相关关系，结果表明，盈利能力越强、规模越大、市场化程度越高的银行，自愿披露的可能性越大；董事长年龄、监事会规模、存贷比、银行稳健、第一股东持股占比越大，自愿披露的可能性越小。因董事长年龄越大，表明性格越稳健，监事会规模越大，公司治理水平越高；存贷比越高，流动性越弱；第一大股东持股占比越大，表明股权集中度越大，披露的可能性越小。即越稳健的、公司治理越强、流动性越弱的银行，不易选择透明（见表6－6）。

表6－6　　自愿披露银行特征变量回归结果

变量	估计系数	标准差	Z值	P值
etar	0.4666	0.1224	3.81	0.000
roae	0.072	0.0204	3.50	0.000
schr	0.5036	0.1127	4.47	0.000
dsznl	－0.1051	0.0431	－2.44	0.015
jshrs	－0.2564	0.1141	－2.25	0.025
ldr	－0.0383	0.0153	－2.49	0.013
zscore	－0.0065	0.0027	－2.36	0.018
lnglai	0.6015	0.3381	1.78	0.075
fcg	－0.069	0.0249	－2.77	0.006
_cons	5.0334	3.3099	1.52	0.128
Log likelihood	－109.11			
R－squared	0.029			

注：根据Stata13.0回归结果整理。

（3）PSM－DID方法平衡性检验结果分析。

表6－7呈现了平衡性检验结果，结果显示匹配后无差异。图6－2呈现了匹配前和匹配后密度函数图；表6－8呈现了PSM－DID方法检验结果，结果表明，总体流动性创造降低5%统计显著，表内资产及表内资产含表外流动性创造1%统计显著，负债流动性创造10%统计显著与前述检验结果一致。表内流动性创造1%显著，与DID模型有所区别，匹配后的数据分析加强了其显著性。

表 6-7　　平衡性检验结果

变量	匹配类型	均值		标准偏差（%）	降低偏差（%）	P > |t|
		处理组	对照组			
econ	未匹配	61.87	61.638	1.2		0.913
	匹配	61.87	63.423	-8.2	-570.8	0.483
roae	未匹配	8.86	6.771	32.3		0.003
	匹配	8.86	8.318	8.4	74.0	0.52
schr	未匹配	7.691	8.237	-30.5		0.005
	匹配	7.691	7.475	12.0	60.5	0.363
jshrs	未匹配	7.069	7.189	-6.8		0.538
	匹配	7.069	6.881	10.7	-56.6	0.391
indr	未匹配	28.981	24.815	45.4		0.000
	匹配	28.981	28.624	3.9	91.4	0.749
lnglai	未匹配	8.028	7.270	66.4		0.000
	匹配	8.082	7.969	5.1	92.2	0.709

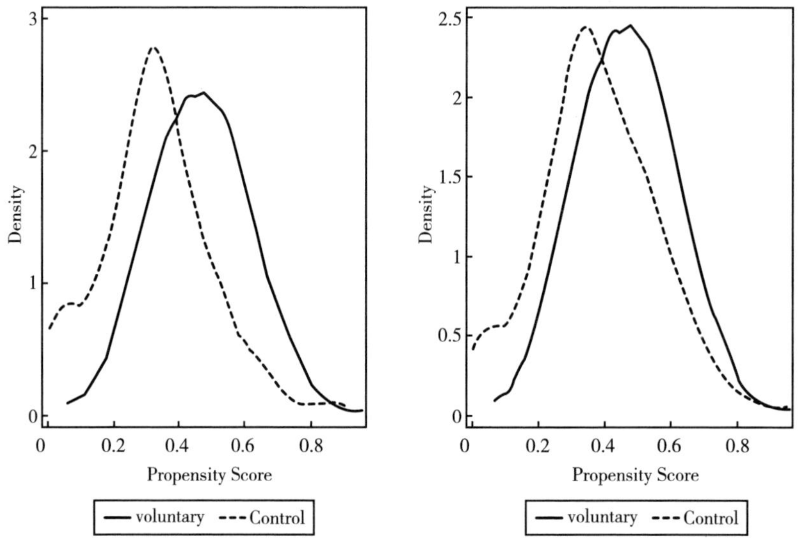

图 6-2　匹配前后密度函数图比较

表 6-8　　PSM-DID 检验结果

项目	披露前			披露后			双重差分
	控制组	处理组	差分	控制组	处理组	差分	
Lc_gla	15.111	18.117	3.006	8.339	7.103	-1.237	-4.243
标准误	0.86	0.727	1.126	0.973	0.865	1.302	1.722
t 值	17.57	19.25	2.67	8.15	6.44	-0.25	-2.46
P>|t|	0.000	0.000	0.008***	0.000	0.000	0.342	0.014**
Lcon_gla	8.188	10.75	2.562	2.500	1.389	-1.111	-3.673
标准误	0.757	0.639	0.991	0.886	0.761	1.168	1.532
t 值	10.82	12.20	2.59	1.77	0.24	-0.58	-2.40
P>|t|	0.000	0.000	0.010***	0.005	0.068	0.342	0.017***
Lcoff_gla	6.823	7.501	0.678	6.315	5.397	-0.918	-1.596
标准误	0.416	0.414	0.587	0.442	0.474	0.648	0.875
t 值	16.39	8.46	1.15	5.67	3.63	-1.78	-1.82
P>|t|	0.000	0.000	0.249	0.000	0.000	0.157	0.068*
tlas_gla	1.660	4.281	2.620	-2.861	-4.125	-1.264	-3.884
标准误	0.577	0.487	0.755	0.720	0.580	0.924	1.194
t 值	2.88	7.04	3.47	-4.62	-6.94	-1.58	-3.25
P>|t|	0.004	0.000	0.001***	0.000	0.000	0.172	0.001***
tlasoff_gla	8.583	11.647	3.064	3.119	1.589	-1.53	-4.594
标准误	0.695	0.588	0.910	0.772	0.699	1.042	1.383
t 值	12.34	13.80	3.37	1.50	-0.39	-1.35	-3.32
P>|t|	0.000	0.000	0.001***	0.000	0.023	0.142	0.001***
tll_gla	6.203	5.194	-1.009	3.475	4.483	1.008	2.016
标准误	0.548	0.545	0.773	0.603	0.624	0.868	1.162
t 值	11.33	4.35	-1.31	1.68	5.70	1.31	1.74
P>|t|	0.000	0.000	0.192	0.000	0.000	0.246	0.083*

注：*** $p<0.01$；** $p<0.05$；* $p<0.1$。

6.5 本章小结

自愿披露作为市场约束机制之一，提高银行透明度的同时，对缓解银行流动性风险、提高银行系统稳定性发挥着极其重要的作用。本章从自愿披露视角出发，通过 DID 方法展开自愿披露对银行流动性创造影响研究，并通过 PSM - DID 方法检验结果稳健性的同时，进一步考察自愿披露银行特征。首先，以流动性覆盖率信息披露新规实施为契机，从自愿披露视角出发，对银行流动性创造影响进行研究，为提高流动性创造能力以及流动性风险管理水平，促进银行系统稳定性提供新路径；其次，自愿披露是提升透明度的有效手段，同时也反映公司治理能力，通过对自愿披露给监管新规带来的影响效果研究，为提升银行治理能力提供新证据；最后，本章使用倾向评分匹配法和双重差分法（PSM - DID）对自愿披露行为影响后果进行研究，减少政策评估可能存在的内生性问题。

本章的研究结论表明，自愿披露的银行流动性创造有显著的降低，然而负债流动性创造比不透明银行会有显著的上升。因此，自愿披露在流动性风险方面比不透明银行风险抵御能力较强。在主动减少流动性供给的同时，增加自身的流动性来源，进一步缓解了流动性风险。因此，自愿信息披露作为市场约束体制能够很好地发挥市场约束的作用，填补银行监管的空缺。同时本章还发现，规模越大、盈利能力越强的银行，较易选择透明；稳健性的、自身流动性弱的银行较易选择不透明。研究结果表明，研究假设 H6 - 1、假设 H6 - 2 和假设 H6 - 3 成立。

从本章的分析可以看到，在趋严的监管要求下，为达到严格的流动性监管标准，选择透明的银行在资产方面面临着巨大的调整压力，产生了惜贷行为。另外，也可以说明流动性监管指标的实施有利于抑制银行的信贷冲动。选择透明的银行能够改善负债方面的流动性创造能力，充分说明我国银行业应充分重视信息披露这一市场约束作用，提高透明度，能够为银行提供低成本稳定存款流开拓渠道。同时，要注意到自身流动性弱的银行较易选择不透明，这给金融监管带来了一定的困难，逐步提高自愿信息披露水平，有利于弥补金融监管空缺，降低整体金融风险。值得关注的是，虽然自愿披露银行传统信贷业务的收缩，有效抑制了放贷冲动，增强金融系统稳定性，然而，也存在加剧影子银行业务的风险，这可能是一个监管当局和在经济下行周期所需要重点关注的领域。

7 全面系统衡量下流动性风险对流动性创造的影响分析

至 2008 年全球金融危机爆发以来，流动性风险成为金融机构最致命的风险。全球金融危机之后，流动性风险监管持续加压，新增添了两个流动性指标：一个是流动性覆盖率（LCR）；另一个是净稳定资金比例（NSFR），并丰富了监测指标体系，构建了多维度流动性风险监测系统。我国爆发“钱荒”事件也向商业银行流动性风险管理发出了预警信号。我国流动性监管管理不断推进，2015 年颁布的《商业银行流动性风险管理办法（试行）》充分说明了流动性监管的重要地位，其已成为与资本监管同等重要的银行监管问题。

流动性创造是商业银行作为金融中介的一项职能之一，在创造流动性的同时，给自身也带来了流动性风险问题。商业银行通过期限结构转换向实体经济注入流动性。流动性风险管理也是商业银行永恒的话题，管理不当会给其带来风险挑战，甚至破产风险和系统性风险。流动性风险管理更是一个整体、系统、动态性的调整过程，应当综合考虑流动性创造与流动性风险间的关系。

然而，我国商业银行流动性创造是怎样影响流动性风险，反过来，流动性风险承担能力大小如何影响商业银行的流动性创造，从而采取怎样的管理策略？对上述问题的解答，有助于我国监管当局有针对性地提出监管政策及措施；同时也为商业银行流动性风险管理提供有力依据，促使商业银行把握两者的关系，有效防范和规避流动风险。鉴于此，在流动性风险管理日益重要的后金融危机时代，深入研究流动性创造与银行流动性风险之间衍生与反馈机制显得尤为必要。

7.1 系统流动性风险对流动性创造影响的理论分析

7.1.1 流动性创造的风险衍生分析

我们可以用脆弱的融资结构理论来分析流动性创造与流动性风险衍生关系分析。脆弱的融资结构理论模型构建及分析如下。

（1）模型前提假设。

①项目。假设一个由企业家和潜在的金融家构成的经济体。该经济体持续两阶段、三个时期（$T=0, T=1, T=2$），所有代理人具有线性的消费效应函数。每个企业家都有一个项目，持续两个阶段。在 $T=0$ 时获得投资金额为 1 元，该项目在 $T=t$ 时获得无风险现金流 C_t，整个项目的投资是可观测的，企业家不能转移项目资金用途。

②融资。企业家没有项目投资资金，可以通过发行合约来筹集资金，但如果企业家违约，贷款人就获得资产的控制权，合同约定出借人在 T 时刻将获得 P_T 回报，但是该回报取决于贷款人受到的流动性冲击。

③关系贷款人。一个项目在 $T=0$ 时刻的出让资金的人称为关系贷款人，对项目拥有专项优势信息，其他贷款人不具有这一技能。在 T 时刻生成现值 X_t。其他贷款人只能从资产中获得 βX_t，其中 $0 \leqslant \beta < 1$。

④有限的承诺。贷款人的意愿受到两个限制。首先，在任何时候代理人只能承诺在该日期从事特定风险工作，意味着在 $T=0$ 时刻借贷和投资之后，现金流于 $T=1$ 时刻产生之前，企业家可能被威胁退出，除非重新谈判融资条款。同样，关系贷款人不能向其他人承诺在未来使用他们的专项信息优势。为简单起见，假设企业家拥有所有的议价能力。如果企业家拖欠约定的还款，则可以通过修改付款合约条件来决定是否接受。

⑤流动性冲击。第二个意愿限制就是：在 $T=1$ 时期，关系贷款人以 θ 的概率受到流动性冲击。这个流动性冲击可能是一个更有投资价

值的项目或者消费需求，但流动性冲击是关系贷款人私人仅有的专项信息，这增加了关系贷款人对时间的偏好，使在 T = 1 时得到价值 1；在 T = 2 时得到价值 R。在此假设下，未来消费没有折现，折现率为 0。假设该项目有足够多的投资者储备，则他们不会受到流动性冲击。假定如下：

$$\mathrm{Min}\left[C_1 + C_2, \frac{C_1 + C_2}{X_1}\right] > R > 1 \tag{7-1}$$

$$C_2 > X_2 \tag{7-2}$$

$$\mathrm{Max}[X_1, X_2] \geqslant 1 \tag{7-3}$$

式（7－1）表示，当遇到流动性冲击时，从 T = 0 时投资到 T = 1 时 X_1 的机会成本，项目产生比关系贷款人的折现价值更大的回报。式（7－2）表示，在 T = 2 时，该项目仍然可值得持续。式（7－3）确保这个项目能够得到融资，如果关系贷款人没有遇到流动性冲击，则企业家能够偿付关系贷款人在 T = 1 时价值为 X_1 或者在 T = 2 时期为 X_2。

（2）最优契约。

每个项目的投资额设定在 0 到 1 之间。在确定性条件下，在 t = 0 时期，企业家总是将他筹集的资金全部用于投资，而不留存现金。

①企业家的最优问题。在提出用一个特定的贷款合同提前借款时，企业家希望最大化他的预期收益。如果关系贷款人在 T = 0 时发放贷款是理性的，那么在给定流动性冲击的可能性下，他期望至少获得 $(1-\theta)+\theta R$ 的收益。企业家在提供的合同中的首要任务是最大限度地降低清算的可能性，此后，他将着重于通过确保合同向出借人支付尽可能多的费用来减少非流动性溢价。

②重新谈判。假设在 T = 2 时，贷款之前没有被售出。企业家必须与关系贷款人重新谈判。企业家可以拒绝作出预先指定的款项 P_2，而进一步提出较低的款项。关系贷款人可以接受或拒绝要约，并清算资产以获得 X_2。如果 $P_2 > X_2$ 时，企业家将重新谈判。在 T = 2 时，将支付 $\mathrm{Min}\{P_2, X_2\}$。

现在考虑如果关系贷款人是耐心的，并未受到流动性冲击。那么，在 T = 1 时企业家发起重新谈判提议，则贷款方可以接受企业家的提议。在 T = 1 时获得 X_1，或者保留资产在 T = 2 时获得 X_2。

假如贷款确实在 T = 1 时受到了流动性冲击并急于得到资金。如果借款人尝试重新协商，贷款人可以获得 X_1，或者在 T = 2 时得到 $\frac{X_2}{R}$ 的现值。

另一种选择则是在 T = 1 时将贷款合同出售，所有的债权全部转移给贷款买方。令 S 为贷款购买者在 T = 2 时受到的最高贷款额。现在，视 S 为外生的。由于买方来自没有流动性冲击的贷方，并且现行利率为零，因此他愿意在 T = 1 时购买该笔债权，以获得从该日起贷款中的收回，即 S。由于最多可以在 T = 2 时从企业家那里收回 X_2，因此，$S \leq X_2$。

③最佳财务安排和非流动性贷款的后果。如果贷方不清算，贷方可以在 T = 1 时获得的最大金额是企业家产生的所有现金流，并且以获取的最大金额出售 T = 2 时的承诺款项。在这种情况下，其可以得到 $C_1 + S$。如果贷款不出售且项目未清算，其将获得最大的回报为 C_1。如果其清算该项目，可以得到 X_1 报酬。这些对可提取性和流动性的限制阻碍了企业家的最大可能付款。如果其可以向关系放款人提供合同，条件则取决于放款人 T = 1 时期的流动性需求，那么就可以实现这些限制。即便如此，企业家可能被迫支付流动性溢价或仅为满足出借人的需要而被清算。事实证明，即使关系贷款人仍然拥有专项技能，所有的贷款买者在 T = 2 时将获得 βX_2，因此，他在 T = 1 时仅将支付 $S = \beta X_2$。

因此，我们得出了流动性不足的确切原因：如果贷款买主拥有相同的技能作为关系贷款人，那么，在这两种情况下，$\beta = 1$ 和 $S = X_2$。因此，一个必要的条件就是实物资产（项目）和金融资产（贷款）的流动性都是特定的技能。就项目而言，相对于次优运营商；就贷款而言，相对于购买贷款。

（3）模型分析。

期限转换理论从时间上解释了商业银行资产负债期限转换过程中产生流动性创造，由于期限的不匹配，从而导致流动性风险。然而，脆弱的融资结构理论从资本结构角度来分析。商业银行向储户和企业家提供流动性，其流动性的来源是不稳定的活期存款，从而导致流动性风险。

流动性创造风险衍生也可用信息不对称理论来分析。商业银行为储户提供流动性存款证明，同时，利用这些资金为企业家提供融资，企业家资产的现金流不断存入银行，这就是流动性创造的过程。但储户的流动性需求是不确定性的，当储户有流动性需求时，一旦其集中取款，商业银行将面临挤兑危机，从而产生流动性风险问题。

流动性创造引发流动性风险的另一个体现就是金融市场的发展程度。完善的金融市场可以避免流动性风险危机。当存在风险时，可以通过金融市场发行证券满足流动性需求化解危机。但金融市场是不完美的，由于“羊群”效应，公众会陷入恐慌，出现挤兑风险，商业银行流动性问题会蔓延开来，涉及整个银行体系，甚至是金融系统。

7.1.2 流动性风险管理特征分析

从商业银行流动性风险管理的主体角度来看，流动性风险管理策略的选择是极其重要。流动性风险管理作为一项按照主体意志的活动，解释商业银行流动性风险管理的主观动机包括两大特征：流动性权衡和流动性螺旋。

（1）流动性权衡假说。流动性权衡是指在流动性面临危机时，商业银行的管理策略采取保守方式来抵御风险。例如，增加流动性资产保有量。Jian 和 Thakor（2008）[122]研究发现商业银行的信用风险越高，其流动性风险反而越小。相反，信用风险承担能力增强降低了流动性风险，体现出商业银行风险管理理念是权衡风险关系。

（2）流动性螺旋假说。流动性权衡的逆过程我们称为流动性螺旋假说。具体表现为：当商业银行面临流动性危机时，通过抛售资产换取流动性。但是，该行为容易产生“羊群”效应，导致集体抛售，从而引发市场恐慌，触发系统性风险。钱崇秀等（2018）[179]研究表明，当商业银行的信贷增长水平保持在合理水平时，是不会带来金融困境的，可以达到服务实体经济的目的，但是一旦超过一个警戒水平，则可能导致流动性流失，称此过程为基于贷款超水平的流动性螺旋特征。

综上所述，商业银行在流动性管理中，通过将各类资产进行组合，从而可以降低商业银行流动性转换的风险。当银行面临流动性风险时，通过主动增持流动性资产，提高短期负债偿还能力，从而改善流动性水平。这体现出商业银行流动性权衡特征。相反，若商业银行面临流动性风险时，并非主动缓解或弥补流动性减损的因素，例如，Acharya 和 Mora (2015)[176]研究表明商业银行高企的不良贷款会减少可动用的自由现金水平，进而加剧储户挤兑风险，则反映出流动性螺旋特征。

7.2 流动性风险对流动性创造影响的研究假设

巴曙松等（2006）[180]研究表明，我国商业银行流动性管理阶段经历了资产管理、负债管理、资产与负债管理以及表内外统一管理的发展阶段。当前我国商业银行流动性管理处在基于金融创新为特征的表内外统一管理策略发展阶段。表外业务在当前资产负债管理以及流动性创造中发挥着极其重要的作用。因此，银行流动性管理也应将表外业务纳入。基于此，本书将从资产（含表外）和负债两个层面进行研究。

根据 Diamond 和 Dybvig（1983）[5]的理论，活期存款是银行风险共担流动性创造均衡的核心变量。在储户正常预期情况下，贷款的预期现金流入能够满足存款客户的流动性需求，说明银行流动性创造和风险之间存在风险共担的平衡。但是在不利环境下，储户对银行的偿付能力有所怀疑，从而容易导致银行挤兑风险发生，成为流动性危机的导火索。Gatev 等（2007）[181]研究发现，如活期存款及支票类的交易性存款能够降低银行的流动性风险。Allen 和 Gale（2004）[37]指出，外部环境对流动性资产的售卖会产生不同的影响，如在不利环境下，流动性资产的出售价格将远远低于内在价值，导致流动性短缺。因此，风险共担的流动性平衡成为流动性风险管理的重要思路（敬志勇等，2013）[123]。

吸收活期存款是流动性创造的重要来源，其期限的不稳定性成为诱发银行风险的导火索。因此，在流动性管理上，银行要通过吸收活期存款，使活期存款的现金流出预期在一定程度上可控，形成存款人之间的风险共享流动创造均衡。因此，为确保银行能够按照合同向存款人提供支付，银行必须能够通过发放贷款获得相应的收入，银行获得的收入应当在各类存款人之间合理分配，从而形成合理的活期存款比例，保证银行始终具有足够的流动性创造能力。由此，本章提出假设 H7－1。

假设 H7－1：负债流动性创造越强，流动性风险越小；反之，流动性风险越大，负债流动性创造越小。即负债流动性创造与流动性风险呈负相关关系，表现出风险权衡特征。

从资产角度来看，商业银行的贷款发放释放了实体经济的流动性，但是加剧了资产负债期限的错配，导致商业银行的信用风险增加。贷款的发放是商业银行的主要利润来源，但维持流动性是其正常运行的基本要求。中国银监会发布了多项流动性监管文件，对商业银行进行监管控制。在强监管压力和信贷扩张的作用下，商业银行必须调整资产负债管理方式，如调整规模和结构、筹借资金、补充资本金等方式来规避监管，缓解流动性监管压力。增加回收率较高的贷款，缓解流动性压力或规避监管，减少回收率较低的贷款等，贷款过多的银行将挤占其承担流动性风险的能力，从而造成流动性减少，因此，流动性风险与创造关系反转。Chen 等（2015）[182]研究了 2006—2012 年中国过度放贷对银行流动性的影响。过度放贷主要表现在相对放贷、不良贷款率和放贷渠道多样化三个方面。研究发现，不良贷款率的结果支持折衷假说，而贷款渠道多元化的结果支持流动性螺旋上升。邓超等（2015）[183]研究结果表明，从整个银行业的角度来看，信用风险承担能力与流动性创造呈正影响，流动性螺旋假说得到验证。因此，本章提出假设 H7－2。

假设 H7－2：资产流动性创造能力越大，流动性风险越大；反之，流动性风险承担能力越大，流动性创造能力越大。即流动性创造与流动性风险呈正相关关系，表现出流动性螺旋特征。

此外，Chen 等（2015）[182]证实了所有制银行流动性策略的异质性。邓超等（2015）[183]研究表明，信贷超额增长率正向影响流动性创造，不受银行类型的影响；贷款利率与流动性创造之间的关系因不同类型的银行而异，国有银行不良贷款率越高，其流动性创造越高；而股份制商业银行与城市商业银行之间存在显著的负相关关系。崔婕等（2018）[128]以 2007—2016 年中国 57 家商业银行为样本，构建动态面板联立方程模型，实证分析银行流动性创造与流动性风险的关系。结果表明，流动性创造是影响流动性风险的重要因素，两者之间存在正相关关系。由此，本章提出假设 H7－3。

假设 H7－3：不同所有制类型银行的流动性创造与流动性风险的关系具有异质性。

7.3　全面系统衡量下流动性风险对流动性创造影响的假设检验

7.3.1　系统流动性风险指标体系构建

由于银行流动性风险机制形成的复杂性和影响因素的多样性，商业银行流动性风险评价指标以及评价方法的选择显得尤为重要。有些学者通过构建单一指标来度量流动性风险，如存贷比、流动性比率等，一些学者借助随机过程和违约概率构建随机流动性比率模型；商业银行的流动性水平并不仅仅由信贷业务决定，还受到资金来源、金融市场等因素的影响。因此，还有一些学者结合流动性水平影响因素构建流动性风险综合评价指标体系对流动性风险进行综合度量。本章结合中国商业银行流动性监管实践，借鉴 Bankscope 数据库中流动性指标披露标准，以及我国银行业流动性指标信息披露为依据，参考我国学者崔婕等（2018）[128]、钟永红（2014）[184]构建的指标体系，考虑数据的可得性，从审慎监管视角出发，纳入新流动性风险指标，从存款、贷款、资产、同业、风险抵补以及流动性管理等多方面多维度进行综合选取 10 个代表性的基础指标构建系统流动性风险指标体系，采用多指标综合评价方法对我国商业银行流动性风险进行全面系统衡量。

具体指标体系为存款结构选取定活比；贷款类选取净贷款占比；资产类选取信用风险资产占比；同业业务类选取同业市场负债比例；风险抵补类选取拨备覆盖率以及资本充足率；流动性管理指标选取存贷比、流动性比例、流动性资产占比、净稳定资金比例等指标（详见表 7－1）。

表 7-1　　我国商业银行系统流动性风险指标体系

风险来源	指标名称	计算方法	指标意义	作用方向
存款类	存款结构（tdr）	定期存款/活期存款×100%	定期存款与活期存款比，该指标越高表明存款来源稳定性越好	+
贷款类	净贷款额占比（nlr）	贷款净额/总资产×100%	总资产中与贷款相关的资产所占比重，该指标值越大表明流动性越弱	-
资产类	信用风险资产占比（risk）	（表内风险资产+表外风险资产）/表内外总资产×100%	表内外总资产中风险加权资产占比，该指标越大表明流动性风险越大	-
同业业务类	同业市场负债比例（ibfr）	（同业拆借+同业存放+卖出回购款项）/总负债×100%	商业银行从同业机构交易对手获得的资金占总负债的比例	-
风险抵补类	拨备覆盖率（llrr）	贷款减值准备余额/不良贷款余额×100%	衡量银行实际计提贷款损失准备计提是否充足，反映银行贷款的风险程度。该指标越高，风险越小。	+
	资本充足率（tcr）	资本净额/风险加权资产余额×100%	衡量银行资本充足请款和抵御风险能力，该指标越大，风险越小。	+
流动性管理	存贷款比例（ldr）	各项贷款/各项存款×100%	反映贷款与存款的匹配比率，该指标比例越高表明流动性风险越大	-
	流动性比例①（lr）	流动性资产/流动性负债×100%	流动性比例越高，偿还短期债务的能力越强	+
	流动性资产占比②（ladr）	流动性资产/储户存款及短期负债×100%	反映了流动性资产占短期负债的比例，其比例越高表明流动性越好	+
	净稳定资金比例（nsfr）	可用的稳定资金/业务所需的稳定资金×100%	反映银行较长期限内可使用的稳定资金来源对其表内外资产业务发展的支持能力	+

注：表中指标“作用方向”中，“+”表示指标值越大，流动性风险越小；“-”表示指标值越大，流动性风险越大。

①流动性比例来源于各家银行年报，为我国《商业银行流动性风险管理办法（试行）》（2015）所定义。

②流动性资产占比是度量流动性资产与短期资金需求比比值，其来源于bankscope数据库，商业银行流动性资产，包括现金及存放中央银行款项、存放同业和同业拆出、交易性金融资产、买入返售金融资产，并扣除法定存款准备金；商业银行当期拥有的储户存款和短期资金来源，包括储户存款、同业存放和同业拆入、交易性金融负债、卖出回购金融资产、存款证明等。

7.3.2 系统流动性风险度量方法

本章借鉴崔婕等（2018）[128]采用的多指标综合方法来度量系统流动性风险综合指标。具体步骤如下：

首先，指标的统一。为了使本章指标具有统一性，且使银行流动性风险值与流动性风险呈正相关关系，对样本数据取倒数处理。

其次，指标的赋权。采用“标准差系数法”，对指标权重进行赋权。

设指标体系包含 m 个指标，X_1，X_2，…，X_m；有 n 个评价对象。令：

$$\bar{X}_i = \frac{1}{n}\sum_{j=1}^{n} X_{ij} \quad (i = 1,2,\cdots,m) \tag{7-4}$$

$$S_i^2 = \frac{1}{n}\sum_{j=1}^{n} (X_{ij} - \bar{X}_i)^2 \quad (i = 1,2,\cdots,m) \tag{7-5}$$

则各指标的变异系数为：

$$V_i = \frac{S_i}{\bar{X}_i} \quad (i = 1,2,\cdots,m) \tag{7-6}$$

对 V_i 归一化处理，即得各指标权数为：

$$W_{1i} = \frac{V_i}{\sum_{i=1}^{m} V_i} \quad (i = 1,2,\cdots,m) \tag{7-7}$$

最后，各指标求和。由此，可以得出系统流动性风险综合指标值。

7.3.3 假设检验基准模型构建

基于前述理论分析，采用动态面板联立方程模型来考察两者之间的关系，构建的计量模型如下：

$$\begin{cases} ZLR_{it} = \alpha_1 + \gamma_1 ZLR_{it-1} + \theta_1 LC_{it} + X'_{1it}\beta_1 + u_i \\ LC_{it} = \alpha_2 + \gamma_2 LC_{it-1} + \theta_2 ZLR_{it} + X'_{2it}\beta_2 + v_i \end{cases} \tag{7-8}$$

其中，i = 1，…，N 表示银行个体，t = 2010，…，2017 表示观测年份。被解释变量 ZLR_{it} 表示银行面临的流动性风险，LC_{it} 表示流动性创造，分别为流动性风险方程和流动性创造方程的控制变量，u_i 和 v_i 表示各个银行不随时间变化不可观测的个体异质性特征以及表示随时间变化不可观测的个体异质性，即扰动项。

7.3.4 变量选取与数据说明

我国商业银行数据来源于2010—2017年Bankscope数据库；宏观经济数据来自中国统计年鉴以及中国人民银行官网。由于该部分的指标中包含我国重要的流动性监管披露的流动性水平lr，而外资银行缺乏该数据，因此，本部分的指标剔除了外资银行，共计144家商业银行。其他控制指标及变量含义具体见表7－2。

表7－2　　变量定义

变量名	含义	单位	计算方法
zlr	系统流动性风险	—	多指标综合评价方法
lc_gla	单位资产流动性创造	—	通过BB模型计算的流动性创造/表内外资产
M2r	广义货币供给增速	%	M_2增长额/上年M_2总额×100
Ibr7	7天同业拆借利率	%	上海银行间市场7天同业拆借利率shibor
ilj	一年期贷款基准利率	%	依调整前后时间段为权重计算出年度平均数
idj	一年期存款基准利率	%	依调整前后时间段为权重计算出年度平均数
lnglai	银行规模	—	银行总资产的自然对数
ld	存贷利差	%	ld = ilj − idj
nplr	不良贷款率	%	不良贷款额/各项贷款×100
etar	权益资产率	%	资产/所有者权益×100
roae	平均净资产收益率	%	净利润/平均净资产总额×100
GDPr	GDP增长率	%	GDP增长额/上年GDP总额×100

资料来源：笔者根据现有文献整理而得。

7.3.5 描述性统计

总体及分类型主要变量的描述性统计结果如表7－3所示。

从表7－3主要变量的描述性统计结果来看，首先，样本内商业银行平均流动性风险为9.404，其中，各类型银行流动性风险均值水平排名为股份制银行最高，平均水平为10.87，农村商业银行次之，平均水平为9.481，然后是城市商业银行为9.202，最低的国有大型银行为8.488。同时，农村商业银行总体流动性风险水平的标准差高于其他三类银行，表明农村商业银行在样本区间内，其流动性风险水平高低不齐，最高达到59.08。其次，从全样本的描述性统计结果来看，单位资产流动性创造为13.14。然而从分样本来看，我国商业银行的平均资产流动性创造能力特征表现为国有银行大于其他商业银行，城市商业银行最低。此外，股份制银行及国有大型银行的盈利能力远超地方商业银行，农村商业银行最低为8.281%。农村商业银行的不良贷款率为1.748%，高于股份制银行的1.138%。

表7-3　　总体及分类型主要变量的描述性统计结果

变量	样本量	均值	标准差	最小值	最大值
zlr	751	9.404	3.023	3.023	59.08
lc_gla	751	13.14	10.74	-34.71	42.72
lnglai	751	7.730	1.569	5.201	12.42
GDPr	751	7.333	0.740	6.690	9.500
Ibr7	751	3.372	0.529	2.531	4.181
nplr	751	1.456	0.974	0.0300	13.84
M2r	751	11.95	1.973	8.100	13.84
ld	751	2.925	0.0823	2.850	3.060
etar	751	7.084	1.583	2.530	13.34
roae	751	11.33	7.927	0.0710	32.65
国有大型银行					
zlr	40	8.488	2.800	3.643	14.38
lc_gla	40	20.07	7.490	-2.090	27.64
lnglai	40	11.78	0.463	10.84	12.42
nplr	40	1.256	0.408	0.513	2.389
etar	40	6.499	1.316	2.530	7.877
roae	40	15.28	6.308	0.511	22.88
股份制商业银行					
zlr	80	10.87	2.722	4.903	16.37
lc_gla	80	15.90	9.510	-7.532	33.14
lnglai	80	10.06	0.794	8.136	11.08
nplr	80	1.138	0.480	0.140	2.140
etar	80	5.681	0.721	4.092	7.135
roae	80	16.63	5.267	0.780	25.32

续表

变量	样本量	均值	标准差	最小值	最大值
城市商业银行					
zlr	463	9.202	2.393	3.023	18.55
lc_gla	463	11.90	11.25	-34.71	38.77
lnglai	463	7.238	0.886	5.201	10.01
nplr	463	1.422	0.988	0.0300	9.560
etar	463	7.014	1.500	3.500	13.34
roae	463	11.18	8.004	0.0710	32.65
农村商业银行					
zlr	168	9.481	4.303	3.509	59.08
lc_gla	168	13.59	9.594	-12.29	42.72
lnglai	168	7.010	0.899	5.267	8.974
nplr	168	1.748	1.124	0.480	13.84
etar	168	8.081	1.529	4.366	12.85
roae	168	8.281	7.480	0.593	29.02

7.4 实证结果与分析

7.4.1 系统流动性风险测算结果

(1) 系统流动性风险综合评价指标体系权重结果。

根据多指标综合方法测算出流动性风险指标权重如表7-4所示。

表7-4　　流动性风险综合指标信息量权数确定结果

指标 \ 年份	2011	2012	2013	2014	2015	2016	2017
tdr	0.2429	0.5770	0.2125	0.1999	0.2003	0.1830	0.1675
nlr	0.0466	0.0288	0.0632	0.0614	0.0681	0.0721	0.0618
risk	0.0467	0.0279	0.0664	0.0635	0.0656	0.0660	0.0826
lbfr	0.1496	0.0925	0.1954	0.1738	0.1532	0.1659	0.1558

续表

年份 指标	2011	2012	2013	2014	2015	2016	2017
llrr	0.2548	0.1259	0.1260	0.1092	0.1044	0.1051	0.1102
tcr	0.0370	0.0184	0.0408	0.0434	0.0348	0.0330	0.0337
ldr	0.0339	0.0209	0.0479	0.0488	0.0558	0.0633	0.0613
lr	0.0462	0.0301	0.0740	0.0773	0.0812	0.0819	0.0746
ladr	0.1141	0.0611	0.1353	0.1853	0.1965	0.1854	0.2022
nsfr	0.0277	0.0170	0.0381	0.0371	0.0396	0.0439	0.0497

注：数据来源于 Bankscope 数据库及各银行年报，并借助 Stata13.0 软件计算整理而得。

（2）系统流动性风险综合水平评价。

根据多指标综合方法确定的权重以及构建的流动性风险综合评价体系得到流动性风险综合水平指数。根据测算结果得到总体流动性风险综合水平指数为 9.31，其中股份制银行最高为 10.88，国有大型银行最低为 8.33，结果与实际是相符。从 2010—2017 年的趋势来看，整个区间震荡波动，在 2012 年达到一个低点后，2013 年有个小高峰，达到 9.36，然后 2014—2017 年上升后下降，在 2016 年达到一个小高峰，达到 10.77。这两个小高峰也正好印证了我国 2013 年和 2016 年的两次“钱荒”，充分向我国 2010—2017 年流动性潜在风险发出了预警。从不同属性银行的流动性潜在风险来看，股份制银行一直处于较高位置（见图 7-1）。

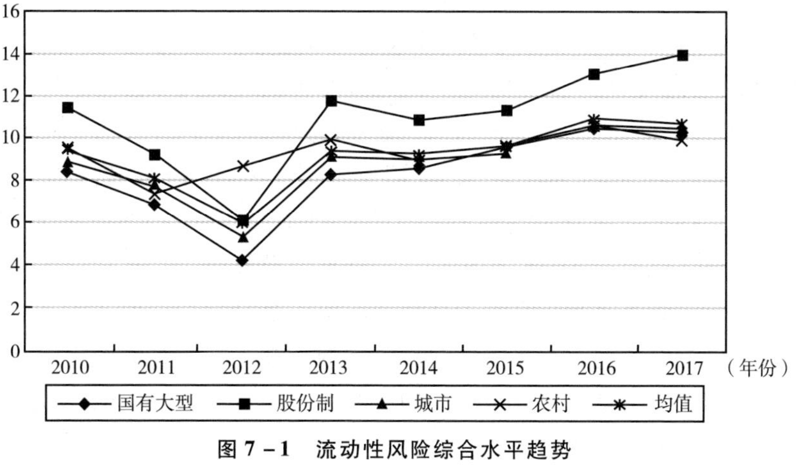

图 7-1　流动性风险综合水平趋势

7.4.2 全样本回归结果分析

全样本回归结果详见表 7 - 5，其中模型（1）至模型（3）列示的是不同估计方法结果，分别为 OLS 单方程估计法、2SLS 系统估计法以及 3SLS 系统估计法。

A 部分的估计结果显示为流动性创造对流动性风险影响，通过比较模型（1）至模型（3）中解释变量 lc_gla 的估计系数，分别为 -0.0233、-0.0334、-0.0343，两者之间的关系均表现为显著负相关。因此，对于我国商业银行总体而言，流动性创造能力越强，流动性风险越小。流动性风险滞后 1 期的系数均在 1% 的水平下显著为正，表明上一期流动性风险状况对本期产生显著影响。

从控制变量来看，银行规模对流动性风险影响呈显著正相关关系，均在 1% 水平下显著，说明随着银行规模的增大，面临的流动性风险反而上升。GDPr 的估计系数总体显著为负，表明经济增速越大，宏观环境越好，流动性风险越小，这与实际情况相符。同业拆借利率的估计系数为正，但并不显著，表明同业市场拆借利率越高，流动性风险越大，这与同业市场资金需求状况情况也是相符的。

B 部分为流动性创造方程回归结果，其中，OLS 回归系数为正但不显著，而 2SLS 以及 3SLS 系数为正，在 10% 的水平下显著，表明银行承担的流动性风险越大，向实体经济输送的流动性创造越多，这一结果呈现出具有风险吸收效应，验证了流动性螺旋假说。流动性创造滞后 1 期的系数均在 1% 的水平下显著为正，也表明上一期流动性创造能力会对本期产生显著影响。

在控制变量方面，估计结果显示，不良贷款率对流动性创造能力的影响为显著正相关，这表明商业银行风险承担能力越大，流动性创造越多。股权资产比率与流动性创造正相关，符合风险吸收假说。从宏观环境变量来看，存贷款利差越大越有利于刺激金融机构投资信贷，创造流动性；同时，盈利能力的变化，在追求利润最大化的前提下，盈利能力越强，流动性创造越多；货币供应量对流动性创造有显著的负面影响，说明宽松的货币政策削弱了流动性创造的能力。

表 7－5 全样本估计结果

模型	(1)	(2)	(3)
估计方法	OLS	2SLS	3SLS
A 部分：zlr			
l_zlr	0.302 *** (9.00)	0.298 *** (8.86)	0.290 *** (8.68)
lc_gla	－0.0233 * (－2.28)	－0.0334 ** (－2.62)	－0.0343 ** (－2.70)
lnglai	0.248 *** (3.95)	0.249 *** (3.96)	0.268 *** (4.31)
GDPr	－1.153 *** (－5.80)	－1.108 *** (－5.49)	－1.087 *** (－5.44)
Ibr7	0.421 (1.52)	0.452 (1.63)	0.461 (1.67)
_cons	12.09 *** (10.15)	11.82 *** (9.76)	11.57 *** (9.62)
B 部分：lc_gla			
l_lc_gla	0.706 *** (31.26)	0.718 *** (30.05)	0.720 *** (30.33)
zlr	0.0325 (0.42)	0.470 * (2.03)	0.482 * (2.09)
nplr	0.431 (1.82)	0.396 (1.64)	0.421 (1.76)
M2r	－0.589 *** (－4.32)	－0.520 *** (－3.62)	－0.529 *** (－3.73)
ld	18.73 *** (5.09)	23.36 *** (5.30)	22.66 *** (5.18)
etar	0.716 *** (4.92)	0.736 *** (4.93)	0.751 *** (5.10)
roae	0.0975 ** (2.94)	0.0860 * (2.51)	0.0899 ** (2.65)
_cons	－52.73 *** (－5.08)	－71.36 *** (－5.06)	－69.55 *** (－4.97)
N	751	751	751

注：t statistics in parentheses, * $p<0.05$, ** $p<0.01$, *** $p<0.001$。

7.4.3 分样本回归结果分析

银行流动性创造不仅包含资产的流动性同时还包含负债的流动性创造，且表外也是流动性创造的一个重要层面。银行流动性创造要从资产、资产（含表外）、负债以及表内和表外方面来考察。不同样本研究表明，其结果呈现显著的差异性。以下分别对不同业务属性以及不同所有权银行分样本回归研究。

（1）从银行业务分类。

A 部分呈现流动性风险方程的子样本估计结果，列①至列④分别为表内、表外、资产（含表外）和负债的估计结果。列①至列④的估计结果表明，潜在流动性风险危机的关键因素是资产及表外流动性创造，因此，流动性螺旋假说得到验证。而负债及表内流动性创造对流动性风险具有反向显著性关系，表明负债的流动性创造越强，流动性风险越小。表内的流动性创造是表内资产和负债权衡的结果，总体表现出流动性权衡假说。

从动态效应考虑，在列①至列④中，l_zlr 的系数显示具有统计上的显著性，结果表明上一期的流动性风险状况是本期影响因素中的主要因素。控制变量与总体样本一致，不再赘述。

B 部分给出流动性创造方程的分样本估计结果，从表 7－6 可见，列①至列④分别为表内、表外、资产以及负债的实证结果。从实证结果可以看出，无论哪种业务类型，流动性风险对流动性创造产生的影响并不显著。除流动性风险对负债流动性创造呈现不显著负向关系外，其余的均表现为不显著的正向关系。

对于控制变量来说，银行业务属性的异质性对流动性创造产生不同的影响。权益资产率仅在表内、资产及表外业务下对流动性产生显著正影响，而在负债业务下未对流动性创造产生显著效果。考虑不同业务属性下，存贷利差与资产、表外及表内业务的流动性创造呈现显著的正相关关系，表明利差越大，银行越有动力去发放贷款及表外业务的拓展。而存贷利差与负债流动性创造呈不显著负相关关系。究其原因是存款利率偏低会造成存款人力求其他更好的投资项目，从而流失存款，影响负债方流动性创造。不良贷款率和资产盈利能力对流动性创造的影响是由于表内外业务不同所致。不良贷款率或资产盈利能力越高，资产负债表上的流动性创造能力越强，但会减少资产负债表外的流动性创造。相反，不良贷款率和资产盈利能力越低，越将促进表外业务的发展。

表 7－6　　分业务类型

	①表内	②表外	③资产	④负债
A：zlr				
l_zlr	0.297*** (8.87)	0.210*** (5.57)	0.202*** (5.37)	0.182*** (4.82)
Lc*_gla①	－0.0324** (－2.69)	0.00819 (0.25)	0.00985 (0.66)	－0.120*** (－4.34)
lnglai	0.232*** (3.70)	0.251*** (3.52)	0.276*** (3.95)	0.254*** (3.63)
GDPr	－1.144*** (－5.80)	－3.529*** (－6.77)	－3.672*** (－6.95)	－3.597*** (－7.01)
Ibr7	0.429 (1.56)	1.738*** (4.29)	1.824*** (4.50)	1.842*** (4.57)
_cons	12.08*** (10.25)	25.23*** (8.91)	25.84*** (8.92)	26.45*** (9.57)
B：Lc*_gla	Lcon_gla	Lcoff_gla	Tlasoff_gla	Tll_gla
l_lc*_gla	0.836*** (39.53)	0.835*** (38.43)	0.802*** (32.72)	0.875*** (32.50)
zlr	0.155 (0.81)	0.146 (1.45)	0.345 (1.55)	－0.0596 (－0.48)
nplr	0.372 (1.88)	－0.150 (－1.28)	0.119 (0.46)	0.229 (1.69)
M2r	－0.695*** (－5.92)	－0.00221 (－0.04)	－0.468*** (－3.99)	－0.191** (－3.27)
ld	12.42*** (3.44)	5.094** (2.60)	20.69*** (4.72)	－4.152 (－1.91)

① Lc*_gla 在表内、表外、资产和负债模型中表示表内流动性创造、表外流动性创造、资产流动性创造以及负债流动性创造。

续表

	①表内	②表外	③资产	④负债
B：Lc * _gla	Lcon_gla	Lcoff_gla	Tlasoff_gla	Tll_gla
etar	0.530 *** (4.32)	0.0324 (0.55)	0.641 *** (4.50)	-0.119 (-1.77)
roae	0.0805 ** (2.91)	-0.00647 (-0.42)	0.0819 * (2.43)	0.00772 (0.44)
_cons	-35.33 ** (-3.06)	-15.30 * (-2.45)	-64.05 *** (-4.52)	15.84 * (2.26)
N	751	616	616	616

注：t statistics in parentheses，* $p<0.05$，** $p<0.01$，*** $p<0.001$。

（2）分银行类型。

第一部分给出了流动性风险方程的子样本估计结果。在表7-7列①至列⑥和表7-8列①至列⑥栏分别给出了不同属性银行的估算结果。不同的估计方法也被用来估计它们。实证结果表明，总体而言，3SLS估计方法的结果更为显著。

从银行类型来看，除城市商业银行流动性创造与流动性风险显著负相关外，其他银行均不存在显著负相关，其中股份制银行不存在显著负相关；国有银行与农村商业银行没有显著的正相关关系。可见，国有银行和农村商业银行主要是资产流动性。呈现这些特征可能的解释为：国有银行的隐性担保观念在公众心中根深蒂固，从而发生挤兑的风险较小；国有银行和农村商业银行背负较大的政策意向。

B部分为LC方程的估计结果，从表7-7可见，列①至列③的估计结果为国有银行，列④至列⑥的估计结果为股份制银行，表7-8列①至列③估计结果反映城市商业银行以及列④至列⑥的估计结果反映农村商业银行的实证结果。从估计结果来看，系统性估计系数较为显著。除城市商业银行流动性风险对流动性创造呈正向显著关系，表现出流动性螺旋特征外，其他银行表现出流动性权衡特征，也即流动性风险越大，流动性创造越少，而国有银行的负向影响更大。

对于控制变量来说，对流动性创造产生的影响也表现出银行属性的异质性。滞后一期的流动性创造对国有银行和农村商业银行的作用更加显著。相比于城市商业银行，不良贷款率负作用于流动性创造。究其原因，可能是不同属性的银行担负的职能不同，其风险承担能力和管理策略不同。存贷利差与城市商业银行流动性创造显著正相关，与其他类型银行存在不同程度的负相关。负相关的解释可能是：存贷息差高企，借款人的融资意愿降低，从而减少银行信贷需求；另外，存款利率的持续下降，也会促使存款人寻求收益更高的投资项目，从而银行存款流失，进而影响银行创造的流动性（见表7－9）。

表7－7　　国有大型与股份制银行

	①	②	③	④	⑤	⑥
	OLS	2SLS	3SLS	OLS	2SLS	3SLS
A部分：zlr						
l_zlr	0.778 *** (6.61)	0.744 *** (6.13)	0.757 *** (6.83)	0.367 *** (3.36)	0.384 *** (3.47)	0.429 *** (4.18)
lc_gla	0.0381 (0.83)	0.0785 (1.45)	0.0770 (1.56)	－0.0553 (－1.55)	－0.0378 (－0.96)	－0.0371 (－0.99)
lnglai	－0.174 (－0.26)	－0.478 (－0.67)	－0.561 (－0.87)	0.507 (1.38)	0.427 (1.14)	0.531 (1.53)
GDPr	－1.918 *** (－4.23)	－2.014 *** (－4.35)	－1.923 *** (－4.68)	－1.514 ** (－3.08)	－1.646 ** (－3.24)	－1.851 *** (－3.97)
Ibr7	1.990 * (2.51)	1.836 * (2.27)	1.669 * (2.28)	1.361 (1.89)	1.406 (1.95)	1.728 * (2.55)
_cons	11.02 (1.23)	15.32 (1.61)	16.11 (1.88)	9.513 (1.71)	10.71 (1.89)	9.611 (1.83)
B部分：lc_gla						
l_lc_gla	0.874 ** (3.01)	1.011 ** (3.16)	1.036 *** (3.77)	0.863 *** (14.05)	0.861 *** (13.87)	0.831 *** (14.52)
zlr	－0.955 * (－2.53)	－1.682 ** (－2.69)	－1.944 *** (－3.54)	－0.472 * (－2.30)	－0.600 (－1.49)	－0.906 * (－2.45)
nplr	－1.461 (－0.51)	－1.154 (－0.38)	－0.932 (－0.36)	－2.537 (－1.45)	－2.644 (－1.49)	－2.271 (－1.42)
M2r	0.244 (0.60)	0.159 (0.37)	－0.0124 (－0.03)	－0.981 ** (－3.20)	－1.048 ** (－2.95)	－1.099 *** (－3.42)

续表

	①	②	③	④	⑤	⑥
	OLS	2SLS	3SLS	OLS	2SLS	3SLS
B 部分：lc_gla						
ld	−6.743 (−0.30)	−14.36 (−0.59)	−10.85 (−0.52)	−16.23 (−1.40)	−18.13 (−1.43)	−17.43 (−1.50)
etar	2.394 (1.48)	3.199 (1.79)	3.627* (2.37)	1.905** (2.73)	1.871** (2.65)	2.007** (3.13)
roae	−0.141 (−0.52)	−0.299 (−0.97)	−0.377 (−1.43)	0.00704 (0.08)	0.0000586 (0.00)	0.0173 (0.22)
_cons	15.12 (0.21)	38.64 (0.51)	30.23 (0.46)	57.36 (1.56)	65.67 (1.52)	66.62 (1.68)
N	40	40	40	80	80	80

注：t statistics in parentheses，* $p<0.05$，** $p<0.01$，*** $p<0.001$。

表 7－8　　城市商业银行和农村商业银行

	城市商业银行			农村商业银行		
	① OLS	② 2SLS	③ 3SLS	④ OLS	⑤ 2SLS	⑥ 3SLS
A 部分：zlr						
l_zlr	0.482*** (12.90)	0.302*** (9.00)	0.298*** (8.86)	0.0738 (0.97)	0.778*** (6.61)	0.744*** (6.13)
lc_gla	−0.0116 (−1.35)	−0.0233* (−2.28)	−0.0334** (−2.62)	−0.0344 (−0.86)	0.0381 (0.83)	0.0785 (1.45)
lnglai	0.449*** (4.44)	0.248*** (3.95)	0.249*** (3.96)	−0.101 (−0.26)	−0.174 (−0.26)	−0.478 (−0.67)
GDPr	−1.242*** (−7.42)	−1.153*** (−5.80)	−1.108*** (−5.49)	−0.255 (−0.32)	−1.918*** (−4.23)	−2.014*** (−4.35)
Ibr7	0.821*** (3.53)	0.421 (1.52)	0.452 (1.63)	−0.663 (−0.68)	1.990* (2.51)	1.836* (2.27)
_cons	8.141*** (6.66)	12.09*** (10.15)	11.82*** (9.76)	14.02** (2.82)	11.02 (1.23)	15.32 (1.61)

续表

	城市商业银行			农村商业银行		
	① OLS	② 2SLS	③ 3SLS	④ OLS	⑤ 2SLS	⑥ 3SLS
B 部分：lc_gla						
l_lc_gla	0.659*** (22.47)	0.706*** (31.26)	0.718*** (30.05)	0.740*** (15.13)	0.874** (3.01)	1.011** (3.16)
zlr	-0.00157 (-0.01)	0.0325 (0.42)	0.470* (2.03)	0.0306 (0.35)	-0.955* (-2.53)	-1.682** (-2.69)
nplr	0.818* (2.49)	0.431 (1.82)	0.396 (1.64)	-0.308 (-0.91)	-1.461 (-0.51)	-1.154 (-0.38)
M2r	-0.719*** (-3.77)	-0.589*** (-4.32)	-0.520*** (-3.62)	-0.268 (-1.18)	0.244 (0.60)	0.159 (0.37)
ld	24.80*** (4.73)	18.73*** (5.09)	23.36*** (5.30)	14.06* (2.22)	-6.743 (-0.30)	-14.36 (-0.59)
etar	0.814*** (3.91)	0.716*** (4.92)	0.736*** (4.93)	1.033*** (3.68)	2.394 (1.48)	3.199 (1.79)
roae	0.0755 (1.65)	0.0975** (2.94)	0.0860* (2.51)	0.101 (1.71)	-0.141 (-0.52)	-0.299 (-0.97)
_cons	-69.29*** (-4.62)	-52.73*** (-5.08)	-71.36*** (-5.06)	-45.13* (-2.56)	15.12 (0.21)	38.64 (0.51)
N	463	751	751	168	40	40

注：t statistics in parentheses, * $p<0.05$, ** $p<0.01$, *** $p<0.001$。

表 7-9　　各类型样本回归结果归纳一览表

样本	流动性创造能力对流动性风险影响		流动性风险对流动性创造影响	
	关系	显著性	关系	显著性
总体	-	显著	+	显著
表内	-	显著	+	不显著
表外	+	不显著	+	不显著
资产（含表外）	+	不显著	+	不显著
负债	-	显著	-	不显著
国有大型银行	+	不显著	-	显著

续表

样本	流动性创造能力对流动性风险影响		流动性风险对流动性创造影响	
	关系	显著性	关系	显著性
股份制银行	-	不显著	-	显著
城市商业银行	-	显著	+	显著
农村商业银行	+	不显著	-	显著

7.5 本章小结

本章采用我国2010—2017年144家商业银行微观数据，采用动态面板联立方程模型，实证检验商业银行流动性创造与系统流动性风险之间的衍生反馈关系。研究表明，商业银行流动性创造能力越强，则面临的流动性风险越小；流动性风险承担能力越大，向实体经济输送的流动性就越多。从业务类型来看，商业银行资产（包括表外资产）的流动性创造对流动性风险呈正相关关系。负债的流动性创造能力越强，抵御风险的能力越强。对于不同类型的商业银行，流动性风险水平与流动性创造水平存在显著差异。对于城市商业银行流动性创造对流动性风险呈现显著的负相关关系，其他银行流动性创造对其风险没有显著的效应；从流动性风险对流动性创造关系来看，城市商业银行表现出流动性螺旋特征，而其他影响均表现出流动性权衡特征。研究结果表明，假设H7-1、假设H7-2和假设H7-3成立。

8 审慎监管下我国商业银行提升流动性创造能力的政策建议

8.1 协调货币政策提升流动性创造能力的政策建议

（1）审慎监管与货币政策协调配合。

在制订和调整银行业监管体系时，监管部门需要充分考虑不同监管政策的冲突和复合效应，避免“复合谬误”造成的监管政策实际效应与预期目标的偏差，提高监管政策的系统性和有效性。特别是中国正在探索建立货币政策和宏观审慎政策“两支柱”监管框架，更加注重货币政策、宏观审慎政策和微观审慎政策的协调。

（2）有节奏地安排货币政策执行，主动向宏观审慎监管靠拢。

在实施宏观审慎调控时，应紧跟货币政策执行的节奏性。货币政策会通过银行信贷渠道对实体经济产生影响，货币当局适时监测，以达到货币政策预期目标时，应考虑银行的资本状况和流动性，并配合实施。在经济萧条时期，监管政策实施时要综合考虑信贷与实体经济周期不同步的特征；在经济利好时期，宏观审慎管理工具的使用应将实体经济增长因素纳入考虑范围，积极配合货币政策工具，为防范系统性风险，货币政策应更加积极地进行宏观审慎管理。

（3）加强协调沟通，落实差别化监管政策。

金融监管部门应区别对待不同资本和流动性状况的银行。不同类型银行在公司治理、风险偏好、发展战略、经营区域和监管强度等方面存在差异，使不同类型银行对监管政策的反应更加异质。监管部门要对不同银行待遇实行差别化监管，增强监管政策的针对性和适用性。加强系统重要性银行监管，系统重要性银行的衡量主要涉及宏观审慎中对银行资本和流动性的监管，在巴塞尔协议Ⅲ框架下，一系列的宏观审慎工具引入该框架，解决金融机构的相互关联性以及系统性风险。由于系统重要性银行给金融体系带来严重的系统性风险，因而对其加强审慎监管，以期解决“大而不能倒”的金融机构监管问题。

8.2 提高成本效率提升流动性创造能力的政策建议

（1）优化资源配置，提升金融机构成本效率。

竞争是一把“双刃剑”。银行竞争虽会带给消费者福利，但也会带来流动性创造的负面性。因此，政策主管部门应适当保护我国银行业的竞争度，在制订银行竞争政策时，充分权衡消费者福利和流动性创造负面影响后果；避免过度竞争给流动性创造带来的负面影响，从而削弱实体经济支持力度，在保障经济发展的同时要兼顾银行稳健经营，维护经济社会的稳定发展；银行部门应进一步降本增效，尤其是要提高成本效率，提高服务实体经济的效率，抵御竞争带来的不利影响。

（2）继续加大金融创新发展步伐，提高银行非息收入占比。

非息业务发展是我国商业银行战略转型重要的标志。在成本与风险控制的作用下，寻找传统业务之外的利润增长点，优化结构调整，加快业务转型，大力拓展非息业务，推进非利息收入业务在收入结构中的占比。一是强化手续费主体地位，改善其来源构成；二是及时推进产品创新，打造产品特色；三是积极与非银行类金融机构合作，形成优势互补；四是密切关注市场竞争度变化情况。但竞争度提高到一个阈值时，非息收入会降低银行效率水平。因此，加大金融创新发展步伐，切实发展非息业务。

（3）加强资产负债管理，提升金融机构服务能力。

提高银行管理水平，加强资产负债管理能力，提高银行成本效益。一方面，在当前市场化综合利率收窄利差的经营环境下，经济低迷导致资产质量下降，竞争对手增多导致同业竞争加剧，收入和利润增速放缓，这给商业银行的成本管理带来了巨大的挑战。另一方面，流动性创造水平也反映了银行的资产负债结构，对银行人员的资产负债管理能力以及金融资源配置的效率提出了挑战。因此，应提高银行经营管理能力，提升资产负债管理人员业务水平，提高银行成本效率，抵御竞争对流动性创造带来的负面影响。要通过向管理要效率，提升银行成本效率，提高商业银行服务实体经济的能力。

8.3　完善信息披露提升流动性创造能力的政策建议

（1）完善信息披露制度，发挥市场约束作用。

当前，商业银行市场竞争环境激烈，信息披露能够有效地释放信号，有益于及时保护消费者和股东的权益。我国的非上市商业银行占大多数，仅有少数的几家商业银行上市。对于非上市银行，其公司治理机制有待进一步完善，应树立商业银行的公司治理理念，完善信息披露制度，健全惩罚法规措施，充分保障信息披露的真实性和可靠性，保护股东权益；进一步提高整体金融业的信息披露水平和公司治理水平，发挥市场约束的作用。

（2）提高商业银行透明度，提升信息披露质量。

目前，商业银行的信息披露状况不容乐观，上市银行较少，整体透明度不高，而非上市银行所遵循的法律法规杂乱，披露的内容和质量不一，应有效规范商业银行信息披露范式；加大对商业银行信息披露内容的真实性和合规性的核查，以免披露虚假信息误导消费者和投资者；加大信息披露宣传，提高管理人员的意识，提高整体银行的信息披露水平和透明度。

（3）审时度势制订强制信息披露制度，发挥自愿信息披露作用。

强制信息披露制度的制订有利于银行业透明度整体的提升，但强制信息披露势必会减少自愿信息披露水平，同时会增加商业银行的自愿披露的成本，不利于发挥自愿披露市场约束作用。应审时度势制订强制信息披露制度，同时要鼓励自愿信息披露，充分发挥自愿信息披露的作用。监管当局仍然可针对一定规模以上的银行进行强制披露，对重要系统性银行进行强监管，同时带动规模以下银行信息披露，提高整体透明度，发挥自愿信息披露的作用。

8.4 监测系统风险提升流动性创造能力的政策建议

（1）加大系统投入建设力度，提升监管指标管理的时效性和精确度。

外部环境瞬息万变，商业银行风险影响因素众多，风险管理监测指标的计算也越来越复杂。例如，流动性覆盖率和净稳定资本比率指标的计算更为复杂，涉及所有资产负债表和表外业务。因此，商业银行需要加快信息系统和数据细化管理过程的步伐，加大投资力度，提高系统自动化水平，为商业银行风险管理部门和外部监管部门及时了解风险状况、数据自动化程度打下基础。要提高技术水平，提高数据质量，提高流动性监管指标的及时性和准确性。

（2）增强商业银行风险抵御水平，提升流动性创造能力。

在银行流动性创造中，存款是商业银行的创造之本，转变负债管理理念，从被动负债向主动负债业务转变。加强负债端业务发展，继续加快推出存款大额存单及配套政策，丰富负债业务产品，增强负债端的创新和服务水平，以此增强风险抵御能力。积极拓展融资渠道，从内源上增补资本金，增加利润来源，增强资本金的留存，最大限度地发挥资本金在风险抵御方面的能力，提升流动性创造能力。

（3）制订风险监控措施，加强流动性风险防范。

流动性创造与流动性风险是相辅相成、相互衍生、相互渗透的。银行部门及监管部门都应重点监测流动性创造和系统流动性风险值，动态监测风险状况；针对不同属性银行制订差别化的流动性监管标准，过高的流动性监管要求会造成对实体经济的负面影响，应引起监管部门的重视，适时调整监管标准，尤其是区分国有大型银行与非国有大型银行；提高商业银行资产负债管理以及风险管理人员业务能力，提高风险防范水平。

9 总结与展望

9.1 研究结论

根据前面四大部分分析结果得出以下结论：

（1）双重监管约束下货币政策对流动性创造影响。

本书基于2010—2017年我国178家商业银行的微观数据，采用系统GMM方法实证检验了银行资本和流动性双重约束下货币政策对流动性创造的影响情况，以此探究银行资本和流动性监管政策与货币政策实施的协调性。研究结果表明：

①不同货币政策下流动性创造的影响不同。总体来说，紧缩（宽松）的货币政策会降低（增强）银行流动性创造。

②从监管约束对流动性创造影响来看，资本监管和流动性监管对流动性创造呈负相关关系，资本充足率和流动性的充裕会减少流动性创造，弱化货币政策效果。从单一约束下看货币政策对流动性创造的影响，可以发现，在资本监管或流动性监管约束下，会强化紧缩的货币政策对流动性创造的减少效果；在资本监管和流动性监管的双重约束下，货币政策工具效果有所不同。总体来说，紧缩环境会降低，监管约束会加速这一现象。从合成效应来看，两个监管政策合成会弱化货币政策效果。

③不同属性银行具有显著的异质性。第一，从资本监管的单一约束与货币政策协同效应来看，仅有城市商业银行不显著，从国有大型银行、农村商业银行以及外资银行的资本监管约束会强化紧缩货币政策对流动性创造减少的效果，而股份制银行的资本监管约束会弱化紧缩货币政策对流动

性创造减少的效果。第二，流动性监管对于国有和城市商业银行有显著的影响，其余银行并不显著。但是，流动性监管约束对于城市商业银行会强化货币政策效果，然而其他银行均反映出弱化货币政策效果。

（2）成本效率中介作用下竞争对流动性创造影响。

本书对2010—2017年178家中国商业银行微观数据进行分析，通过面板随机前沿（SFA）方法以及选取BC（95）模型进行成本效率的测算，以及Lerner指数的测算，探讨竞争、效率与银行流动性创造之间的作用机制。第一，通过PVAR模型验证了我国银行业“成本效率—流动动性创造”假说的存在性；第二，通过结构方程（SEM）模型构建中介效应模型，实证检验了成本效率在竞争影响流动性创造过程中所发挥的中介作用；研究还发现，成本效率的提高会弱化竞争对流动性创造的负面影响；进一步研究表明，流动性创造的作用机制在表内外业务、金融创新方面表现出异质性。研究结论同时也证实了我国提高成本效率是银行可持续发展的根本，坚持提高我国银行业效率不动摇的政策目标，是有效保障银行稳定性以及更好地服务实体经济的金融改革重要抓手。本书的研究有助于弥补该领域在效率和中观机制方面的不足，从政策层面上为我国监管当局竞争政策实施提供了有力证据，为我国银行体系和金融制度改革提供参考。

（3）流动性信息披露新政下自愿披露对流动性创造的影响。

自愿披露作为市场约束机制之一，提高银行透明度的同时，对缓解银行流动性风险、提高银行系统稳定性发挥着极其重要的作用。商业银行是一个具有高风险且敏感的特殊行业，其流动性状况及风险管理信息在市场约束和信息披露过程中居于关键地位。资产负债及表内外业务作为银行的传统业务，存款是立行之本，存款的不断增长可以保障流动性需求；然而，信贷资源供给是银行的主要盈利手段。经营机构对贷款的发放始终保持了一种“冲动”，给流动性风险制造威胁，给稳健经营提出挑战。流动性失衡会导致银行的支付危机，甚至可能导致金融危机，对地区和国家造成极大危害。因此，研究流动性信息自愿披露行为对银行流动性创造影响尤为重要。

本书的研究结论表明，自愿披露的银行流动性创造有显著的降低，然而负债流动性创造比不透明银行会有显著的上升，因此，自愿披露在流动性风险方面比不透明银行风险抵御能力较强。主动减少流动性供给的同时，增加自身的流动性来源，进一步缓解了流动性风险。因此，自愿信息披露作为市场约束体制能够很好地发挥市场约束的作用，填补银行监管的空缺。同时本书还发现，规模越大、盈利能力越强的银行，较易选择透明；稳健性的、流动性弱的银行较易选择不透明。因此，这一结论也给银行监管政策制订及实施差别化监管提供了有力证据。

（4）全面系统衡量下流动性风险对流动性创造的影响。

本书通过对我国 144 家商业银行微观数据，采用动态面板联立方程模型，实证检验了流动性创造与流动性风险之间的关系，得出如下结论：商业银行的流动性创造能力越强，面临流动性风险越小；流动性风险承担越大，向实体经济输送的流动性就越多。从业务类型来看，商业银行的资产（含表外）流动性创造对流动性危机有显著正向影响；负债流动性创造能力越强抵御风险能力越强。分银行属性类型来看，其流动性风险水平与其创造的流动性之间的关系又存在显著差异。对于城市商业银行流动性创造对流动性风险呈现显著的负相关关系，其他银行流动性创造对其风险没有显著的效应；从流动性风险对流动性创造关系来看，城市商业银行表现出流动性螺旋特征，而其他影响均表现出流动性权衡特征。

9.2 研究不足及展望

虽然本书从宏观、中观、微观和系统层面梳理了流动性创造影响因素，对流动性创造机制问题进行了一定探索性的研究，但受限于本人的学术能力，仍然存在一些不足，今后还有待在未来的研究中逐步改进和完善。

第一，银行流动性创造的机制很复杂，虽然从宏观、中观、微观和系统四个层面中的一部分进行研究，但其中的影响因素极其复杂，同时，并未考虑影子银行，如理财、资管、委托贷款等通道业务，以及互联网金融的影响。本书仅选择了传统商业银行，并未考虑整个金融系统。银行的创新经营模式对流动性创造带来了巨大的挑战。当前理财业务、同业业务、债券业务的发展与监管问题对银行的流动性创造机制产生重要的影响。银行流动性创造的影响机制待探究的情况很多，还有待进一步进行更全面、系统的研究探讨。

第二，系统流动性风险指标体系及模型构建有一定的缺陷。虽然系统流动性风险综合评价指标体系更新了巴塞尔协议新引入的流动性监管指标，由于本人水平有限，本书在实证检验模型中采用多指标综合方法得到流动性风险综合水平，在模型设定及变量的选择上可能有思虑不周之处。事实上，国内外部分学者还采用了多种方法从多种角度衡量了系统流动性风险。因此，还需要在后续研究中进一步采用其他度量方法，构建实证计量模型对流动性风险进行评判和预警。

第三，理论分析有所缺乏。目前，银行成本效率、市场约束对流动性创造的影响理论和实证研究较少，这些使本书的理论分析有一定难度，可借鉴的理论观点较少。本书在这方面做了一些有益的尝试，但还有待进一步地深入分析和实证检验结论还有待考验。

第四，研究视角有待拓展。伴随着改革开放进程的不断推进，中国金融业的对外开放新空间不断拓展，逐步加大的金融开放环境，对我国的金融监管提出了更高的要求。在这种国际化的趋势下，为提升金融开放的安全性、保障我国金融行业的稳定发展，从金融开放视角出发，对流动性创造影响机制和效应方面的研究有待去探索，并探讨在金融开放的进程中如何把握金融监管力度，更好地开展金融监管活动，提出在金融开放逐步加大的环境下，提升流动性创造能力和服务实体经济效率有针对性的建议及对策显得尤为迫切。

参考文献

[1] [英] 约翰·梅纳德·凯恩斯. 就业、利息和货币通论 [M]. 高鸿业译. 北京: 商务印书馆, 2009.

[2] Evan G., Schuermann, P. E. Strahan. Managing Bank Liquidity Risk: How Deposit – Loan Synergies Vary With Market Conditions [R], NBER Working Paper, 2006: 12234.

[3] 陆磊. 论银行体系的流动性过剩 [J]. 金融研究, 2007 (1): 1 – 11.

[4] [英] 亚当·斯密. 国富论 [M]. 郭大力, 等, 译. 上海: 上海三联书店, 2009.

[5] Diamond D. W. and Dybvig P. H. Bank runs, deposit insurance, and liquidity [J]. Journal of Political Economy, 1983, 91 (3): 401 – 419.

[6] Kashyap, A. K., Rajan, R. G., Stein, J. C. Banks as liquidity providers: An explanation for the coexistence of lending and deposit – taking [J]. Journal of Finance, 2002, 57 (1): 33 – 73.

[7] Diamond D. W. and Rajan R. G. Liquidity Risk, Liquidity Creation, and Financial Fragility: A Theory of Banking [J]. Journal of Political Economy, 2001, 109 (2): 287 – 327.

[8] Bryant, J. A model of reserves, bank runs and deposit insurance [J]. Journal of Banking and Finance, 1980, 4 (4): 335 – 44.

[9] Gorton G., Pennacchi G. Financial Intermediaries and Liquidity Creation [J]. Journal of Finance, 1990, 45 (1): 49 – 71.

[10] Gatev, E. Strahan, P. E. Banks' advantage in hedging liquidity risk: Theory and evidence from the commercial paper market [J]. Journal of

Finance, 2006, 61 (2): 867 -892.

[11] Boot, A. W. A., Greenbaum, S. I., Thakor, A. V. Reputation and discretion in financial contracting [J]. American Economic Review, 1993, 83 (5): 1165 -1183.

[12] Holmstrom, B., Tirole J. Public and private supply of liquidity [J]. Journal of Political Economy, 1998, 106 (1): 1 -40.

[13] Bencivenga, V. R., Smith, B. D. Financial intermediation and endogenous growth [J]. Review of Economic Studies, 1991, 58 (2): 195 - 209.

[14] Levine, R. Stock markets, growth, and tax policy [J]. Journal of Finance, 2012, 46 (4): 1445 -1465.

[15] Berger A. N. and Bouwman C. H. S. Bank Liquidity Creation [J]. Review of Financial Studies, 2009, 22 (9): 3779 -3837.

[16] Horváth R. Seidler J. Weill L. Bank capital and liquidity creation: Granger - causality evidence [J]. Journal of Financial Services Research, 2014, 45 (3): 341 -361.

[17] Fungáčová Z., Weill L., Zhou M. Bank Capital, Liquidity Creation and Deposit Insurance [J]. Journal of Financial Services Research, 2017, 51 (1): 1 -27.

[18] Berger A. N., Bouwman C. H. S. Bank Liquidity Creation, Monetary Policy, and Financial Crises [J]. Journal of Financial Stability, 2017 (30): 139 -155.

[19] Berger, A. N., Sedunov, J. Bank liquidity creation and real economic output [J]. Journal of Banking & Finance, 2017 (81): 1 -19.

[20] Berger A. N., Bouwman C. H., Kick T., Schaeck K. Bank liquidity creation following regulatory interventions and capital support [J]. Journal of Financial Intermediation, 2016 (26): 115 -141.

[21] Tran V. T., Lin C., Nguyen H. Liquidity creation, regulatory capital, and bank profitability [J]. International Review of Financial Analysis, 2016 (48): 98 -109.

[22] Pana E., Query J. T., Park J. The Impact of Bank Mergers on Liq-

uidity Creation [J]. Journal of Risk Management in Financial Institutions, 2010 (23): 74 -96.

[23] Baltas K. N., Kapetanios G., Tsionas E., Izzeldin M. Liquidity Creation Through Efficient M&As: A Viable Solution for Vulnerable Banking Systems? Evidence From a Stress Test Under a Panel VAR methodology [J]. Journal of Banking & Finance, 2017 (83): 36 -56.

[24] Horvath R., Seidler J., Weill L. How bank competition influences liquidity creation [J]. Economic Modelling, 2014 (52): 155 -161.

[25] Hasan I., Soula J. L. Technical Efficiency in Bank Liquidity Creation [J]. Working Papers of Large Research Center, 2017.

[26] Acharya V. V., Thakor A. V. The dark side of liquidity creation: Leverage and systemic risk [J]. Journal of Financial Intermediation, 2016 (28): 4 -21.

[27] Rauch C., Steffen S. and Hackethal A. et al. Determinants of Bank Liquidity Creation [J]. Available at SSRN 1343595, 2010.

[28] Acharya V V. and Pedersen L H. Asset pricing with liquidity risk [J]. Journal of Financial Economics, 2005, 77 (2): 375 -410.

[29] 李明辉，孙莎，刘莉亚．货币政策对商业银行流动性创造的影响——来自中国银行业的经验证据 [J]. 财贸经济，2014 (10): 50 -60.

[30] Park J., How J. C. Y. and Verhoeven P. Liquidity Creation and Funding Ability During the Interbank Lending Crunch [J]. Available at SSRN 2492512, 2014.

[31] 邓向荣，张嘉明．货币政策、银行风险承担与银行流动性创造 [J]. 世界经济，2018 (4): 28 -52.

[32] 王周伟，王衡．货币政策、银行异质性与流动性创造——基于中国银行业的动态面板数据分析 [J]. 国际金融研究，2016 (2): 52 -65.

[33] 巴曙松，何雅婷，曾智．货币政策、银行竞争力与流动性创造 [J]. 经济与管理研究，2016 (12): 45 -56.

[34] Gorton G., A. Winton. Banking in Transition Economies: Does Efficiency Require Instability? [J]. Journal of Money, Credit & Banking, 1998,

30 (3): 621 - 650.

[35] Diamond, D. W., Rajan, R. G. A theory of bank capital [J]. Journal of Finance 2001 (55): 2431 - 2465.

[36] Bhattacharya S., A. V. Thakor. Contemporary Banking Theory [J]. Journal of Financial Intermediation, 1993, 3 (1): 2 - 50.

[37] Allen F. and Gale D. Financial Intermediaries and Markets [J]. Econometrica, 2004, 72 (4): 1023 - 1061.

[38] Jiminez G., S. Ongena, J. L. Peydro, J. Saurina. Hazardous Times for Monetary Policy: What do Twenty - three Million Bank Loans Say about the Effects of Monetary Policy on Credit Risk [R]. CEPR Discussion Paper, 2007: 6514.

[39] Rauch C., S. Steffen, A. Hacketha. Saving Banks, Liquidity Creation and Monetary Policy [Z]. Geothe University Workong Paper, 2009.

[40] 黄宪，马理，代军勋．资本充足率监管下银行信贷风险偏好与选择分析 [J]. 金融研究，2005 (7): 95 - 103.

[41] 戴金平，金永军，刘斌．资本监管、银行信贷与货币政策非对称效应 [J]. 经济学（季刊），2008 (2): 481 - 508.

[42] 齐子漫，齐文卓，张凯．资本和存款准备金监管双重约束下我国货币政策的利率传导效应 [J]. 投资研究，2016, 35 (7): 89 - 98.

[43] 孙海波，刘忠璐．后危机时期银行高质量资本与流动性创造关系研究——基于显性存款保险制度的讨论 [J]. 国际金融研究，2019 (1): 67 - 75.

[44] 马骏，施康，王红林等．利率传导机制的动态研究 [J]. 金融研究，2016 (1): 31 - 49.

[45] 姚舜达，朱元倩．货币政策、流动性约束与银行风险承担——基于面板门限回归模型 [J]. 金融评论，2017, 9 (2): 12 - 24.

[46] 李元，王擎．删除的红线：存贷比约束如何影响货币政策的信贷传导 [J]. 财经科学，2018 (6): 11 - 24.

[47] Borio C. and W. Drehmann, Assessing the Risk of Banking Crises - Revisited [J]. BIS Quarterly Review, 2009 (3): 29 - 46.

[48] N' Diaye and Papa M' B. P., Countercyclical Macro Prudential Pol-

icies in a Supporting Role to Monetary Policy [R]. IMF Working Paper, No. 09/257, 2009.

[49] Kannan P., P. Rabanal and A. Scott, Monetary and Macroprudential Policy Rules in a Model with House Price Booms [R]. IMF Working Paper, No. 09/251, 2009.

[50] Agur I. and M. Demertzis. Excessive Bank Risk Taking and Monetary Policy [J]. Ssrn Electronic Journal, 2010 (30): 1-27.

[51] Angelini P., S. Neri and F. Panetta, Monetary and Macroprudential Policies [J]. Working Paper, 2011, 42 (4): 551-574.

[52] Canuto O., How Complementary are Prudential Regulation and Monetary Policy? [J]. The World Bank (PREM), 2011 (60): 1-7.

[53] Jeannine B., C. Meh and Y. Zhang, Macroprudential Rules and Monetary Policy When Financial Frictions Matter [J]. Economic Modelling, 2015 (50): 148-161.

[54] 代军勋，陶春喜．资本和流动性双重约束下的商业银行风险承担 [J]．统计研究，2016，33 (12)：37-43.

[55] 代军勋，戴锋．银行资本和流动性双重约束下的货币政策传导——基于风险承担渠道的中国实证 [J]．经济评论，2018 (3)：116-128.

[56] 魏巍，蒋海，庞素琳．货币政策，监管政策与银行信贷行为——基于中国银行业的实证分析 (2002—2012) [J]．国际金融研究，2016 (5)：48-60.

[57] 童中文，范从来，朱辰，张炜．金融审慎监管与货币政策的协同效应——考虑金融系统性风险防范 [J]．金融研究，2017 (3)：16-32.

[58] 左伟，朱元倩，巴曙松．金融监管、流动性约束与货币政策效果——基于 DSGE 模型的实证研究 [J]．金融论坛，2018，23 (4)：12-26.

[59] 吕思聪．外部监管和货币政策对中国商业银行流动性创造能力的影响研究 [J]．国际金融研究，2018 (5)：55-65.

[60] 张泽华，周闯．资本账户开放下的宏观审慎政策和货币政策组

合研究［J］. 世界经济研究，2019（4）：3－16.

［61］代军勋，郭雅文，李杨子. 双重监管下的银行流动性创造研究——基于中国银行业的实证［J］. 中南大学学报（社会科学版），2019，25（4）：108－115.

［62］Jayaratne，J.，Strahan，P. E.. Entry restrictions，industry evolution，and dynamic efficiency：Evidence from commercial banking［J］. Journal of Law and Economics，1998（41）：239－273.

［63］Boyd，J. H.，De Nicolo，G.. The theory of bank risk taking and competition revisited［J］. Journal of Finance，2005（60）：1329－1343.

［64］Peydro，J－L.，Polo，A.，Sette，E.. Monetary policy limits：Security and credit application registers' evidence. Universitat Pompeu Fabra，mimeo，2016.

［65］Petersen，M. A.，Rajan，R. G.. The effect of credit market competition on lending relationships［J］. Quarterly Journal of Economics，1995（110）：407－443.

［66］Allen，F.，Santomero，A. M.. The theory of financial intermediation［J］. Journal of Banking and Finance，1998（21）：1461－1485.

［67］Black，S. E.，Strahan，P. E.. Entrepreneurship and bank credit availability［J］. Journal of Finance，2002（57）：2807－2833.

［68］Cetorelli，N.，Strahan，P. E.. Finance as a barrier to entry：Bank competition and industry structure in local U. S. markets［J］. Journal of Finance，2006（61）：437－461.

［69］Berger，A. N.，Miller，N.，Petersen，M.，Rajan，R.，Stein，J.. Does function follow organizational form? Evidence from the lending practices of large and small banks［J］. Journal of Financial Economics，2005（76）：237－269.

［70］Berger，A. N.，Udell，G.. Relationship lending and lines of credit in small firm finance［J］. Journal of Business，1995（27）：351－382.

［71］Jiang L.，Levine R. and Lin C. Competition and Bank Liquidity Creation［J］. Journal of Finanial & Quantitative Analysis，2019，54（2）：513－538.

[72] Boot, A. W. A., Thakor, A. V.. Can relationship banking survive competition? [J] Journal of Finance, 2000 (55): 679 -713.

[73] Kerr W R, Nanda R. Democratizing entry: Banking deregulations, financing constraints, and entrepreneurship [J]. Journal of Financial Economics, 2009, 94 (1): 124 -149.

[74] Laeven, L., Levine, R., Michalopoulos, S.. Financial innovation and endogenous growth [J]. Journal of Financial Intermediation, 2015 (24): 1 -24.

[75] Schaeck K., Cihak M. and Wolfe S. Are Competitive Banking Systems More Stable? [J]. Journal of Money Credit & Banking, 2010, 41 (4): 711 -734.

[76] Love I. and Pería M. S. M. How Bank Competition Affects Firms' Access to Finance [J]. World Bank Economic Review, 2012.

[77] Beck, T., Levine, R., Levkov, A. Big Bad Banks? The Winners and Losers from Bank Deregulation in the United States [J]. Journal of Finance, 2010 (65): 1637 -1667.

[78] Hainz C, Fidrmuc J. The Effect of Banking Regulation on Cross - Border Lending [J]. Journal of Banking & Finance, 2013, 37 (5): 1310 - 1322.

[79] 许桂华，谭春枝．银行业竞争度变动对商业银行流动性创造的影响——基于中国银行业的实证分析 [J]. 金融经济学研究，2016 (4): 25 -35.

[80] 周凡，齐天翔．竞争会降低商业银行流动性创造吗？[J]. 云南财经大学学报，2017 (4): 98 -111.

[81] 李明辉，黄叶苨，刘莉亚．市场竞争、银行市场势力与流动性创造效率——来自中国银行业的证据 [J]. 财经研究，2018 (2): 103 - 114.

[82] Panetta F., Schivardi F. and Shum M. Do Mergers Improve Information? Evidence from the Loan Market [J]. Journal of Money Credit & Banking, 2009, 41 (4): 673 -709.

[83] Ariss R. T. On the implications of market power in banking: Evi-

dence from developing countries [J]. Journal of Banking & Finance, 2010, 34 (4): 765 - 775.

[84] Cornett, M. M., McNutt, J. J., Strahan, P. E., Tehranian, H., Liquidity risk management and credit supply in the financial crisis [J]. Journal of Financial Economics, 2011 (101): 297 - 312.

[85] Berger, A. N., Makaew, T., Turk - Ariss, R. How did foreign bank lending change during the recent financial crisis? Evidence from a very comprehensive dataset. Working paper, 2015.

[86] Carletti E., Hartmann P., Spagnolo G. Bank Mergers, Competition, and Liquidity [J]. Journal of Money, Credit and Banking, 2007, 39 (5): 1067 - 1105.

[87] Diamond D. W., Verrecchia R. E. Disclosure, liquidity, and the cost of capital [J]. Journal of Finance, 1991, 46 (4): 1325 - 1359.

[88] Bischof J, Daske H. Mandatory disclosure, voluntary disclosure, and stock market liquidity: Evidence from the EU bank stress tests [J]. Journal of Accounting Research, 2013, 51 (5): 997 - 1029.

[89] Balakrishnan K., Billings M. B. and Kelly B. et al. Shaping liquidity: On the causal effects of voluntary disclosure [J]. the Journal of Finance, 2014, 69 (5): 2237 - 2278.

[90] 谭政勋，黄东生．影响商业银行稳定的微观因素 [J]. 金融论坛，2012 (1): 23 - 28.

[91] 朱波，杨文华，卢露．信息披露、存款保险制度与银行系统性风险 [J]. 财经研究，2016 (12): 96 - 107.

[92] 王宗润，万源沅，周艳菊．隐性存款保险下银行信息披露与风险承担 [J]. 管理科学学报，2015 (4): 84 - 97.

[93] 许友传．信息披露，市场约束与银行风险承担行为 [J]. 财经研究，2009 (12): 118 - 128.

[94] Wang Z., Chen J. and Wan Y. et al. Information Disclosure and Bank Risk - Taking under a Partially Implicit Deposit Insurance System: Evidence from China [J]. Australian Economic Review, 2015, 48 (2): 163 - 176.

[95] 巴曙松，牛播坤，华中炜，等．上市银行信息披露：国内外文

献综述 [J]. 福建金融, 2005 (12): 9-12.

[96] Bouvard M., Chaigneau P. and Motta A. D. Transparency in the financial system: Rollover risk and crises [J]. Journal of Finance, 2015, 70 (4): 1805-1837.

[97] Thakor A. V. Strategic information disclosure when there is fundamental disagreement [J]. Journal of Financial Intermediation, 2015, 24 (2): 131-153.

[98] Zelenyuk N., Faff R. W. andPathan S. Liquidity Provision with Rollover Risk: On the Causal Effects of Bank Transparency [J]. Available at SSRN 2767915, 2016.

[99] 徐晔, 熊婷燕. 信息披露监管新规下银行自愿披露、信贷供给与展期风险 [J]. 现代财经 (天津财经大学学报), 2018, 38 (2): 13-28.

[100] Levine R. Stock Markets, Growth, and Tax Policy [J]. Journal of Finance, 2012, 46 (4): 1445-1465.

[101] Pathan, S. Strong boards, CEO power and bank risk-taking [J]. Journal of Finance, 2009, 33 (7): 1340-1350.

[102] Fahlenbrach, R., Stulz, R. M. Bank CEO incentives and the credit crisis [J]. Journal of Financial Economics, 2011, 99 (1): 11-26.

[103] Aebi, V., Sabato, G., Schmid, M. Risk management, corporate governance, and bank performance in the financial crisis [J]. Journal of Banking & Finance, 2012, 36 (12): 3213-3226.

[104] Beltratti, A., Stulz, R. M. The credit crisis around the globe: why did some banks perform better [J]. Journal of Financial Economics, 2012 (105): 1-17.

[105] Wintoki M B, Linck J S, Netter J M. Endogeneity and the dynamics of internal corporate governance [J]. Journal of Financial Economics, 2012, 105 (3): 581-606.

[106] Ellul, A., Yerramilli, V.. Stronger risk controls, lower risk: evidence from U. S. bank holding companies [J]. Journal of Finance, 2013 (68): 1757-1803.

[107] Pathan S, Faff R. Does board structure in banks really affect their performance? [J]. Journal of Banking & Finance, 2013, 37 (5): 1573 - 1589.

[108] Faleye O, Krishnan K. Risky Lending: Does Bank Corporate Governance Matter? [J]. Journal of Banking & Finance, 2017, 99 (1): 11 - 26.

[109] Díaz V., Huang Y. The role of governance on bank liquidity creation [J]. Journal of Banking & Finance, 2017 (77): 137 - 156.

[110] 巴曙松，尚航飞，朱元倩. 巴塞尔协议Ⅲ流动性监管新规及其影响 [J]. 南方金融，2013 (5): 35 - 39.

[111] 卞志村，王颖. 活期存款、流动性监管与银行风险承担 [J]. 金融监管研究，2015 (6): 1 - 18.

[112] Allen, F., Gale, D. Financial fragility, liquidity, and asset prices [J]. Journal of the European Economic Association, 2004 (2): 1015 - 1048.

[113] Berger A. N., Klapper L. F. and Turkariss R. Bank Competition and Financial Stability [J]. Journal of Financial Services Research, 2009, 35 (2): 99 - 118.

[114] Imbierowicz B. and Rauch C. The relationship between liquidity risk and credit risk in banks [J]. Journal of Banking & Finance, 2014, 40 (1): 242 - 256.

[115] Fungacova Z., Turk R. and Weill L. High Liquidity Creation and Bank Failures [J]. Social Science Electronic Publishing, 2014, 15 (103).

[116] Acharya, V., Naqvi, H.. The seeds of a crisis: a theory of bank liquidity and risk taking over the business cycle [J]. Journal of Financial Economics, 2012 (106): 349 - 366.

[117] Zheng C, Cronje T. The moderating role of capital on the relationship between bank liquidity creation and failure risk [J]. Journal of Banking & Finance, 2019 (108): 105 - 121.

[118] 孙莎，李明辉，刘莉亚. 商业银行流动性创造与资本充足率关系研究——来自中国银行业的经验证据 [J]. 财经研究，2014, 40 (7):

65 – 76，144.

［119］刘志洋，宋玉颖．商业银行流动性风险与系统性风险贡献度［J］．南开经济研究，2015（1）：131 – 143.

［120］吴成颂，张青青，倪清．利率改革能成为创新之源吗？——基于利率市场化改革与商业银行流动性创造的关系研究［J］．当代经济管理，2019（6）：72 – 81.

［121］项后军，曾琪．期限错配、流动性创造与银行脆弱性［J］．财贸经济，2019，40（8）：50 – 66.

［122］Jian C. and Thakor A. V. Liquidity Risk，Credit Risk and Interbank Competition［J］．Social Science Electronic Publishing，2008.

［123］敬志勇，王周伟，范利民．中国商业银行流动性危机预警研究：基于风险共担型流动性创造均衡分析［J］．金融经济学研究，2013（2）：3 – 14.

［124］Thadden E. L. V. Bank capital adequacy regulation under the new Basel Accord［J］．Journal of Financial Intermediation，2004，13（2）：90 – 95.

［125］Coval J. D. and Thakor A. V. Financial intermediation as a beliefs – bridge between optimists and pessimists［J］．Journal of Financial Economics，2005，75（3）：535 – 569.

［126］周爱民，陈远．中国商业银行资本结构与其流动性创造关系的实证研究［J］．金融经济学研究，2013（3）：68 – 77.

［127］刘志洋，宋玉颖．宏观审慎视角下的商业银行行业信贷供给实证研究［J］．首都经济贸易大学学报，2018，20（2）：42 – 50.

［128］崔婕，黄杰，姚智勇．流动性创造与中国商业银行流动性风险关系研究——基于动态面板联立系统的经验与证据［J］．经济体制改革，2018（2）：172 – 179.

［129］刘志洋．中国宏观审慎监管有效性检验——基于商业银行系统性风险贡献度视角［J］．金融论坛，2018，23（12）：37 – 45.

［130］史燕丽，刘玉廷，孙园园．基于商业银行绩效视角的流动性风险信息披露研究［J］．管理评论，2017（5）：3 – 13.

［131］曾智，何雅婷．我国商业银行流动性结构对资本缓存的影响

[J]. 国际金融研究, 2016 (9): 63-74.

[132] Borio C E V, White W R. Whither Monetary and Financial Stability? The Implications of Evolving Policy Regimes [J]. Social Science Electronic Publishing, 2007, 66 (727): 213-223.

[133] 于良春, 鞠源. 垄断与竞争: 中国银行业的改革和发展 [J]. 经济研究, 1999 (8): 48-57.

[134] 高敬忠, 王英允. 强制或自愿: 哪种披露政策下的业绩预告可靠性更高? ——基于中国A股上市公司的经验研究 [J]. 财贸研究, 2014 (1): 149-156.

[135] Schmitz A. Distortions to Agricultural Incentives: A Global Perspective [J]. American Journal of Agricultural Economics, 2011, 93 (3): 903-907.

[136] Tayler W J, Zilberman R. Macroprudential regulation, credit spreads and the role of monetary policy [J]. Journal of Financial Stability, 2016 (26): 144-158.

[137] Harris M, Opp C C, Opp M M. Macroprudential Bank Capital Regulation in a Competitive Financial System [J]. Social Science Electronic Publishing, 2014, 5 (1): 183-202.

[138] 江鹏, 费方域. 巴塞尔协议还是货币政策? ——银行业流动性监管的政策选择 [J]. 现代管理科学, 2012 (3): 24-26.

[139] 尹继志. 后危机时代商业银行流动性风险监管研究 [J]. 金融与经济, 2013, 1 (1): 72-75.

[140] 巴曙松, 尚航飞, 朱元倩. 巴塞尔协议Ⅲ流动性监管新规及其影响 [J]. 南方金融, 2013 (5): 35-39.

[141] 申创, 赵胜民. 市场竞争度、非利息业务对商业银行效率的影响研究 [J]. 数量经济技术经济研究, 2017, 34 (9): 145-161.

[142] 郭晔, 赵静. 存款竞争、影子银行与银行系统风险——基于中国上市银行微观数据的实证研究 [J]. 金融研究, 2017 (6): 81-94.

[143] 祝继高, 胡诗阳, 陆正飞. 商业银行从事影子银行业务的影响因素与经济后果——基于影子银行体系资金融出方的实证研究 [J]. 金融研究, 2016 (1): 66-82.

［144］迟国泰，孙秀峰，芦丹．中国商业银行成本效率实证研究［J］．经济研究，2005（6）：104－114.

［145］Jiang L，Levine R，Lin C. Competition and bank opacity［J］. The Review of Financial Studies，2016，29（7）：1911－1942.

［146］Beck T.，Jonghe O. D. and Schepens G. Bank competition and stability：Cross－country heterogeneity［J］. Journal of Financial Intermediation，2013，22（2）：218－244.

［147］刘莉亚，余晶晶，杨金强等．竞争之于银行信贷结构调整是双刃剑吗？——中国利率市场化进程的微观证据［J］．经济研究，2017，52（5）：131－145.

［148］陈晓卫．我国银行业竞争与银行效率关系研究［J］．预测，2012，31（2）：13－17.

［149］郭威．我国银行业结构、竞争与效率的动态关联性研究［J］．山西财经大学学报，2013，35（9）：42－51.

［150］Maudos J. and Guevara J. F. D. The cost of market power in banking：Social welfare loss vs. cost inefficiency［J］. Journal of Banking & Finance，2007，31（7）：2103－2125.

［151］Pruteanu－Podpiera A.，Weill L. and Schobert F. Banking Competition and Efficiency：A Micro－Data Analysis on the Czech Banking Industry［J］. Comparative Economic Studies，2008，50（2）：253－273.

［152］Aiello F. and Bonanno G. Bank efficiency and local market conditions. Evidence from Italy［J］. Journal of Economics & Business，2016（83）：214－231.

［153］Koetter M. and Spierdijk L. Enjoying the Quiet Life Under Deregulation? Evidence from Adjusted Lerner Indices for U. S. Banks［J］. Review of Economics & Statistics，2012，94（2）：462－480.

［154］程茂勇，赵红．市场势力对银行效率影响分析——来自我国商业银行的经验数据［J］．数量经济技术经济研究，2011（10）：78－91.

［155］黄隽，汤珂．商业银行竞争、效率及其关系研究——以韩国、中国台湾和中国大陆为例［J］．中国社会科学，2008（1）：69－86.

［156］余晶晶，何德旭，仝菲菲．竞争、资本监管与商业银行效率优

化——兼论货币政策环境的影响 [J]. 中国工业经济, 2019 (8): 24 - 41.

[157] 张大永, 张志伟. 竞争与效率——基于我国区域性商业银行的实证研究. 金融研究, 2019 (4): 111 - 129.

[158] Schaeck, Klaus and Martin C. Competition, Efficiency, and Stability in Banking [J]. Financial Management, 2013, 43 (1): 215 - 241.

[159] 赵旭. 中国商业银行市场势力、效率及其福利效应 [J]. 财经研究, 2011, 37 (3): 124 - 135.

[160] 王勇, 张艳, 童菲. 我国商业银行非利息业务困境与对策 [J]. 金融研究, 2006 (10): 76 - 81.

[161] Battese G. E. and Coelli T. J. A model for technical inefficiency effects in a stochastic frontier production function for panel data [J]. Empirical Economics, 1995, 20 (2): 325 - 332.

[162] Panzar J. C. and Rosse J. N. Testing For "Monopoly" Equilibrium [J]. Journal of Industrial Economics, 1987, 35 (4): 443 - 456.

[163] 徐传谌, 齐树天. 中国商业银行 X - 效率实证研究 [J]. 经济研究, 2007 (3): 106 - 116.

[164] Berger A. N. and Mester L. J. Inside the black box: What explains differences in the efficiencies of financial institutions? [J]. Social Science Electronic Publishing, 1997, 21 (7): 895 - 947.

[165] Bauer P. W., Berger A. N. and Ferrier G. D. et al. Consistency Conditions for Regulatory Analysis of Financial Institutions: A Comparison of Frontier Efficiency Methods [J]. Journal of Economics & Business, 1997, 50 (2): 85 - 114.

[166] Preacher K. J., Rucker D. D. and Hayes A. F. Addressing Moderated Mediation Hypotheses: Theory, Methods, and Prescriptions [J]. Multivariate Behav Res, 2007, 42 (1): 185 - 227.

[167] Hayes A. F. Introduction to mediation, moderation and conditional process analysis: A regression - based approach. [J]. Journal of Educational Measurement, 2013, 51 (3): 335 - 337.

[168] Zhao X., Lynch J. G. and Chen Q. Reconsidering Baron and Ken-

ny: Myths and Truths about Mediation Analysis [J]. Journal of Consumer Research, 2010, 37 (2): 197-206.

[169] 胡德宝，王晓彦. 巴塞尔协议Ⅲ框架下的流动性风险监管：机理、影响与国际经验 [J]. 南方金融，2016 (2): 53-59.

[170] 隋洋，白雨石. 中资银行应对流动性监管最新要求的策略研究 [J]. 国际金融研究，2015，339 (1): 62-69.

[171] 廉永辉，张琳. 流动性冲击、银行结构流动性和信贷供给 [J]. 国际金融研究，2015 (4): 64-76.

[172] 程新生，谭有超，许垒. 公司价值、自愿披露与市场化进程——基于定性信息的披露 [J]. 金融研究，2011 (8): 111-127.

[173] 胡奕明. 银行信息披露的国际比较——对13个国家和地区银行年报的调查分析 [J]. 金融研究，2002 (3): 87-94.

[174] 刘瑞明，赵仁杰. 西部大开发：增长驱动还是政策陷阱——基于PSM-DID方法的研究 [J]. 中国工业经济，2015 (6): 32-43.

[175] Heckman J. J. Ichimura H. and Todd P. E. Matching as an econometric evaluation estimator: Evidence from evaluating a job training programme [J]. The review of economic studies, 1997, 64 (4): 605-654.

[176] Acharya V. V. and Mora N. A crisis of banks as liquidity providers [J]. The Journal of Finance, 2015, 70 (1): 1-43.

[177] Ivashina V. and Scharfstein D. Bank lending during the financial crisis of 2008 [J]. Journal of Financial economics, 2010, 97 (3): 319-338.

[178] Agarwal V., Mullally K. A. and Tang Y. et al. Mandatory portfolio disclosure, stock liquidity, and mutual fund performance [J]. The Journal of Finance, 2015, 70 (6): 2733-2776.

[179] 钱崇秀，宋光辉，许林. 超额贷款、不良率与商业银行流动性——流动性螺旋还是流动性权衡 [J]. 财贸经济，2018，39 (7): 83-97.

[180] 巴曙松，王超，张旭. 中国上市银行信息披露评估指数体系研究 [J]. 当代财经，2006 (4): 46-51.

[181] Gatev E., Schuermann T. and Strahan P. E. Managing Bank Liquidity Risk: How Deposit-Loan Synergies Vary with Market Conditions [J]. The

Review of Financial Studies, 2007, 22 (3): 995 - 1020.

[182] Chen T. H. , Chou H. H. and Chang Y. et al. The effect of excess lending on bank liquidity: Evidence from China [J]. International Review of Economics & Finance, 2015 (36): 54 - 68.

[183] 邓超，周峰，唐莹. 过度贷款对中国商业银行流动性创造的影响研究 [J]. 金融经济学研究，2015 (6): 39 - 48.

[184] 钟永红. 中国上市银行流动性风险综合评价研究——基于因子分析法的应用 [J]. 改革与战略，2014 (1): 60 - 63.

附　　录

攻读博士期间科研成果

1. 论文类

（1）信息披露监管新规下银行自愿披露、信贷供给与展期风险［J］．现代财经（天津财经大学学报），2018，38（2）：13－28.

（2）资本错配、空间效应与地区资本回报率差异研究——基于空间杜宾模型分析［J］．数量经济研究，2018，9（1）：67－81.

（3）金融资源、产业结构优化与空间溢出效应——基于 SDM 模型的实证研究［J］．江西师范大学学报（自然科学版），2018，42（3）：275－282.

（4）服务员工“品牌大使”概念界定与量表开发［J］．上海管理科学，2017，39（6）：39－44.

2. 课题类

（1）主持江西省研究生创新资助项目：《空间视角下金融资源错置对全要素生产率的影响研究》（课题编号：YC2016－B059）；

（2）参与江西省教育厅科学技术项目：《中国企业研发投入与对外直接投资的学习效应研究》（课题编号：GJJ150455）；

（3）《双边环境约束下江西省对外直接投资的绿色技术创新效应研究》（基金编号：2018BAA208044）；

（4）参与国家自然科学基金地区科学基金项目：《基于双边环境约束的

对外直接投资对母国绿色技术创新的作用机制》（项目编号：71763010）；

（5）参与江西省研究生创新基金资助项目：《环境规制下金融资源配置对区域技术创新的作用机制研究》（课题编号：YC2015 – B049）；

（6）参与江西省研究生创新基金资助项目：《环境规制下金融资源空间配置对区域技术创新的作用机制研究》（课题编号：YC2015 – B049）；

（7）参与江西财经大学校级资助项目：《环境规制下金融资源配置对江西省战略性新兴产业技术创新的作用机制和政策设计》（课题编号：XS348）；

（8）参与江西省研究生创新基金资助项目：《环境约束下区域技术创新效率的空间特征与溢出效应研究》（课题编号：YC2016 – B058）；

（9）参与江西省研究生创新基金资助项目：《我国先进制造业基地与经济区识、评价及其相互联动关系的研究》（课题编号：YC2017 – B064）。

3. 获奖类

（1）荣获2015—2016学年二等学业奖学金

（2）荣获2016—2017学年二等学业奖学金

后　记

与江财结缘要追溯至2004年，转眼近15年了。回想当年步入江西财经大学校园读研时还那样的青涩。2007年毕业后，我进入了金融机构工作，但在内心早已种下考博的梦想种子。在银行业拼搏了10余年，虽然收入尚可，但是内心依就不能坦然。人到中年，有种紧迫感，渴望能够做一件自己认为有意义的事情。年少时的梦想，永远在我心中，不曾飘逝。于是乎，我鼓足勇气辞去金融机构职位，全脱产回归母校的怀抱，圆了我的年少梦，也坚定了我未来从事教育事业的志向。

在攻读博士期间，我迷茫过、焦虑过、怀疑过、喜悦过，但在各方的支援和自己的坚持下，最终完成了我的博士论文。在这期间，我有了心爱的二宝——一个甜蜜的负担、有了患难与共的朋友和同学、有了人生最宝贵的科研经历和学术财富。回望四年来的读博时光，多少感恩之情涌上心头。此刻，首先要感谢我的博士导师徐晔教授。徐老师知识渊博、学术精湛、治学严谨，不仅以高要求自己，也时时鞭策学生不断进步。与学术上的不同，她在生活上的宽容以待、关怀备至，各个让我感受到无比的温暖，常常关切我的论文进展如何，担心我是否能如期毕业。她在教学上，勤勤恳恳，兢兢业业，在今年第35个教师节上荣获“教育成就奖”，作为她的学生无比荣幸。

同时，我要感谢陶长琪教授，是他从论文的选题、摘要、引言、论证、论据、方法、结论等每个小细节上教会我如何撰写并提出宝贵建议，等等。陶老师每一次睿智的谈话都会使我受益匪浅，他开阔的视野、丰富的知识、前瞻性的思维以及对看待问题的切到好处，都能帮助我打开思路，令我豁然开朗。使我从一个学术小白，到一篇篇小论文的发表。我的博士论文也是在陶老师的全程指导下完成的，从最开始的主题的选定，大纲的变更、框架的修订、内容的完善，以及最后的定稿，陶老师都是耐心的讲解和辅导。因此，我的每一篇论文都倾注着导师和陶老师许多的心血。在此，我由衷地向两位恩师表达我深深的谢意！

我要感谢我的硕士导师漆莉莉教授，是她引领我、鞭策我、鼓励我，让我继续鼓起学术攀登之勇气。感谢数量经济学系的盛积良教授以及胡平波教授，他们在我的论文开题和预答辩中为论文构架、研究对象和方法等许多方面提出宝贵的意见；感谢院长罗良清教授、罗世华教授、院书记叶绍义老师、办公室主任刘芳老师、教学秘书胡芳老师、张莉老师、贾晓天老师、顾勇老师以及其他院行政领导和工作人员的默默付出。我还要感谢我的师兄师姐们给予我的帮助，感谢潘文荣、李燕辉、王火根、廖迎、廖汗成、陈思华、齐亚伟、汪星、王守坤、杨明华、王志平、杨海文、江海峰、周璇、宋晓薇、李翠、凌和良等给予学术上的指导，感谢我的同学彭永樟、彭瑛琪、冒小栋、周丽、涂海根、庄鹏睿相互之间的帮衬，感谢温有栋、陈伟、喻家驹、吴志明、徐冬梅、钟漪萍、李妙、徐末、徐思、赵金凤及丁煜等师弟师妹们平时对我的帮助和鼓励！没有诸位的帮助，我的论文无法如期完成。

我还要感谢我的家人在生活上和经济上给予的莫大支持，尤其要感谢我的父母亲大人，是他们不辞辛劳地帮我带着二宝，给予生活上的帮衬，负重前行，使我能够全身心地投入论文的写作当中。没有他们背后默默地付出，也就没有今天的我。

最后，向在百忙之中对论文进行评审的专家学者们、答辩委员们致以崇高的敬意！

感谢生活、感恩遇见！未来可期！

熊婷燕

2019年12月于蛟桥园